KOOKBOEK VOOR DEHYDRATATIE

HOE VLEES, FRUIT EN MEER TE DROGEN

Willem Wolters

Alle rechten voorbehouden.

Vrijwaring

De informatie in dit eBook is bedoeld om te dienen als een uitgebreide verzameling strategieën waar de auteur van dit eBook onderzoek naar heeft gedaan. Samenvattingen, strategieën, tips en trucs worden alleen aanbevolen door de auteur, en het lezen van dit eBook garandeert niet dat iemands resultaten exact overeenkomen met de resultaten van de auteur. De auteur van het eBook heeft alle redelijke inspanningen geleverd om de lezers van het eBook actuele en nauwkeurige informatie te verschaffen. De auteur en zijn medewerkers kunnen niet aansprakelijk worden gesteld voor onopzettelijke fouten of weglatingen die kunnen worden gevonden. Het materiaal in het eBook kan informatie van derden bevatten. Materialen van derden bevatten meningen van hun eigenaars. Als zodanig aanvaardt de auteur van het eBook geen verantwoordelijkheid of aansprakelijkheid voor materiaal of meningen van derden.

Het eBook is copyright © 2024 met alle rechten voorbehouden. Het is illegaal om dit e-book geheel of gedeeltelijk opnieuw te verspreiden, te kopiëren of er afgeleide werken van te maken. Geen enkel deel van dit rapport mag worden gereproduceerd of opnieuw verzonden in welke vorm dan ook zonder schriftelijke, uitdrukkelijke en ondertekende toestemming van de auteur.

INHOUDSOPGAVE

INHOUDSOPGAVE **3**

INVOERING **7**

SIROOP & GELEI **9**

    1. Bosbessen Basilicum Siroop 10

    2. Pectine met Citrusvruchtenmerg 13

    3. Roze Grapefruitgelei 15

SAUZEN & DRESSINGS **17**

    4. Met gember en citroen doordrenkte honing 18

    5. Honing Perzik BBQ Saus 21

    6. Slow Cooker Gekruide Perenboter 24

    7. Zelfgemaakte Geroosterde Pindakaas 26

    8. Romige Komkommer Saladedressing 28

GEPOEDERDE GROENTEN **30**

    9. Tomaten poeder 31

    10. Zoete Aardappel Poeder 33

    11. Selderij zout 36

    12. Groene poedermix 38

GEDEHYDRATEERD FRUIT **40**

    13. Geraspte Kokosnoot 41

    14. Kokosnoot meel 43

    15. Bananenbroodjes Aardbei 45

    16. Kaneel appel leer 47

    17. Pompoentaart leer 50

    18. Pizzamix Tomatenleer 52

    19. Gemengd plantaardig leer 54

    20. Tomaten Wraps 57

KRUIDEN MENGSELS **59**

21. Cajun-kruidenmix..60
22. Biefstuk kruidenmix...62
23. Mix voor pizzakruiden..64
24. Creoolse kruidenmix..66
25. Kruidenkruiden...68
26. Ethiopische kruidenmix (berbere)..70
27. Kruidensalade dressing mix..73
28. Gemengde kruidenazijn..75
29. Gemengde kruidenpesto...77
30. Mosterd-kruidenmarinade..79
31. Kruidendessertsaus...81
32. Citruskruidendressing..83
33. Cottage-kruidendressing..85
34. Provençaalse kruidenmix...87
35. Kruiden- en oliemarinade..89
36. Gemakkelijke kruidenazijn...91
37. Zuring-bieslook pesto..93
38. Komkommerkruidendressing..96
39. Gekruide pecannoten...98
40. Pittige kruidendressing..100
41. Knoflook-citroen-kruiden rub..102
42. Dolce latte kruidendip...104
43. Franse kruidenmelange..107
44. Kruiden- en specerijenboter...109
45. Kruiden groentedressing..111
46. Spek, tomaat en kruidendip..113
47. Knoflookkruidenpasta..115
48. Chevre met uitgespreide kruiden..117

RUNDVLEES...119

49. Mijn klassieke beef jerky...120
50. Biefstuk Jerky...123

SOEP..126

51. Bloemkool Soep..127
52. Asperge Soep..130

53. Thermos Groentesoep...133

GEDEHYDRATEERDE CHIPS..136

　　54. Zoete Aardappelchips...137
　　55. Boerenkool chips..139
　　56. Courgette Chips..141
　　57. Gedehydrateerde koelkast-augurken..144
　　58. Prosciutto-chips..147
　　59. Bietenchips...149
　　60. Gerst chips...151
　　61. Cheddar mexi-melt chips..154
　　62. Pepperoni-chips..156
　　63. Engel chips...158
　　64. Kippenvelchips saté..160
　　65. Kippenvel met avocado...163
　　66. Parmezaanse groentechips..165
　　67. Pompoentaart kokoschips...167
　　68. Kippenvelchips alfredo..169

GROENTEN...171

　　69. Zoete Aardappel Kokosmeel Pannenkoeken...172
　　70. Slow Cooker Gevulde Koolrolletjes...175
　　71. Gesauteerde winterpompoen met appels...178
　　72. Gedehydrateerde winterpompoennesten...181
　　73. Knoflook Creoolse Gekruide Squash Nesten..183
　　74. Fajita Bonen En Rijst..186
　　75. Rijst Bloemkool Pizza Korst..189
　　76. Hash Brown-mix in een pot..192
　　77. Snelle bruine rijst..195
　　78. Bonen Snelkoken..197
　　79. Mevr. B's Stovetop Gebakken Bonen..199
　　80. Mexicaans fiesta bakken..201

DRANK..204

　　81. Rozenbottel Muntthee..205
　　82. Sinaasappel Munt Thee Blend..207

 83. Citroenverbena Zonnethee..209
 84. Limonade Met Gedehydrateerde Citrus...211

NAGERECHT..**213**
 85. Appelchips Met Haver Topping...214
 86. Magere Ananascake...217
 87. Gekonfijte Gember...220
 88. Havermout Vijgen Koekjes..223

MARINADES...**226**
 89. Knoflook ranchdressing..227
 90. Dressing van rode ui en koriander...229
 91. Dilly ranch roomdressing...231
 92. Hete cha cha-dressing...233
 93. Vinaigrette in Cajun-stijl..235
 94. Mosterdvinaigrette..237
 95. Vinaigrette van gember en peper..239
 96. Citrusvinaigrette..241
 97. Witte peper en kruidnagel wrijven...243
 98. Chili droge rub...245
 99. Bourbon-kruidenmix..247
 100. Gemakkelijke kruidenazijn...249

CONCLUSIE..**251**

INVOERING

Tijdens de Middeleeuwen bouwden mensen in Europa kamers als uitbreiding van distilleerderijen die speciaal waren ontworpen om voedsel uit te drogen door de hitte van een binnenvuur. Eten werd door de kamer gespannen, gerookt en gedroogd. Het gebrek aan zonlicht en droge dagen maakten het onmogelijk om voedsel buiten te drogen, en deze speciaalzaken losten het probleem op voor mensen die in een koel, nat klimaat leefden.

Halverwege de 19e eeuw werd een proces ontwikkeld zodat groenten bij 105 ° F konden worden gedroogd en tot cakes konden worden geperst. Deze gedroogde groenten waren een welkome voedingsbron voor zeelieden die tijdens lange reizen te lijden hadden zonder vers voedsel. Tijdens de Tweede Wereldoorlog gebruikten soldaten gedehydrateerd voedsel als lichtgewicht rantsoenen terwijl ze op het slagveld dienden. We kennen deze tegenwoordig als "maaltijden klaar om te eten" (MRE's). Na de oorlog haastten huisvrouwen zich niet om dit compacte, maar vaak smakeloze voedsel toe te voegen aan hun dagelijkse kookroutines, en gedroogd voedsel raakte uit de gratie.

Als prepper die ook tuinman is, wil ik mijn voorraadkastbereidingen verder brengen dan bonen, rijst, tarwe en eieren in poedervorm. Het uitdrogen van mijn tuinbounty vult het gat dat is achtergelaten door voedsel dat niet kan worden ingeblikt en een vriezer die vatbaar is voor stroomuitval. Een schone waterbron en vuur zijn de enige dingen die tussen mijn familie en een warme maaltijd bereid met gedehydrateerde ingrediënten staan.

Dit boek is niet alleen voor ervaren tuinders, gewetensvolle preppers en deskundige conservers. Het is voor iedereen die van vers voedsel houdt en zelf wil bepalen hoe het wordt bewaard. Om tegemoet te komen aan de actieve levensstijl van vandaag, moet uitdroging gemakkelijk in uw dagelijkse routine passen, zo min mogelijk tijd kosten en een minimale hoeveelheid voorbereidingstijd vereisen. Door bulkaankopen te combineren met conserveringssessies in batches, evenals een efficiënte dehydrator, kunt u voedsel drogen om elke dag te gebruiken.

SIROOP & GELEI

1. Bosbessen Basilicum Siroop

Opbrengst: 3 kopjes

Bereidingstijd: 10 minuten

Bereidingstijd: 10 minuten

INGREDIËNTEN

2 kopjes gedehydrateerde bosbessen

2 kopjes suiker

$\frac{1}{4}$ kopje gedroogde basilicumblaadjes

$\frac{1}{8}$ theelepel ascorbinezuur

ROUTEBESCHRIJVING

1. Om bosbessensap te maken, kook je de gedehydrateerde bosbessen in $2\frac{1}{2}$ kopje water in een niet-reactieve pan. Breng aan de kook en laat 10 minuten sudderen, roer en pureer het fruit terwijl het kookt. Zeef door een vergiet om de bessen te verwijderen. Zet bessen opzij.

2. Combineer het bosbessensap, de suiker en de basilicumblaadjes in een pan en breng aan de kook. Zet het vuur lager en laat 5 minuten sudderen. Schuim eventueel schuim af.

3. Haal de pan van het vuur en zeef de basilicumblaadjes eruit.

4. Optioneel, als je van bosbessenstukjes in je siroop houdt, doe de gezeefde siroop terug in de pan en voeg de bessen toe. Laat 2 minuten sudderen.

5. Haal de pan van het vuur en voeg ascorbinezuur toe. Roer om te combineren.

6. Giet de afgewerkte siroop in gesteriliseerde potten, sluit af en etiketteer. Deze siroop kan onmiddellijk worden gebruikt of maximaal een jaar in beugelflessen worden bewaard met ascorbinezuur toegevoegd, of 6 maanden zonder. Door het suikergehalte te verlagen, wordt de houdbaarheid verkort. Geopende flessen kun je maximaal 2 weken in de koelkast bewaren.

2. Pectine met Citrusvruchtenmerg

Opbrengst: 2 kopjes

Bereidingstijd: 5 minuten

Kooktijd: 20 minuten, plus rusttijd

INGREDIËNTEN

½ pond citrusschil en zaden

¼ kopje citroensap, zoals citroen

ROUTEBESCHRIJVING

1. Gebruik een dunschiller om de schil van het fruit te verwijderen. Bewaar de huid voor uitdroging.

2. Gebruik een dunschiller om het merg te verwijderen. Hak het merg fijn en leg het opzij, samen met de zaden.

3. Voeg merg, zaden en citroensap toe aan een middelgrote, niet-reactieve pot. Laat de pot een uur staan.

4. Voeg 2 kopjes water toe en laat het nog een uur staan.

5. Breng de ingrediënten van de pan op hoog vuur aan de kook. Zet het vuur lager en laat 15 minuten sudderen. Koel af tot kamertemperatuur.

6. Doe het mengsel in een jelly bag en laat het uitlekken. Druk op om sap te verwijderen.

7. Bewaar extra piëtine in de vriezer.

3. Roze Grapefruitgelei

Opbrengst: 2 kopjes

Bereidingstijd: 15 minuten

Bereidingstijd: 30 minuten

INGREDIËNTEN

4 handenvol gedehydrateerde roze pompelmoesschillen of rondjes

2 kopjes koud water

1½ kopje suiker

ROUTEBESCHRIJVING

1. Doe grapefruitschillen of -rondjes in een grote kom en bedek ze met koud water tot ze mollig zijn, ongeveer 15 minuten. Giet het grapefruitvocht af en bewaar het.

2. Snijd de gerehydrateerde grapefruit in kleine stukjes.

3. Meet ½ pond van de gesneden grapefruitstukjes af en doe ze samen met het gereserveerde water en de suiker in een niet-reactieve pot. Voeg indien nodig voldoende water toe om de stukjes grapefruit te bedekken. Kook tot het grondig gaar is, 30 minuten.

4. Giet af door een jelly bag. Laat iets afkoelen en druk alle vloeistof eruit.

SAUZEN & DRESSINGS

4. Met gember en citroen doordrenkte honing

Opbrengst: 1 kop

Bereidingstijd: 5 minuten, plus 2 weken wachttijd

INGREDIËNTEN

1 eetlepel gedroogde gember

1 theelepel gedroogde citrusschil

1 kopje rauwe, ongefilterde, ongepasteuriseerde honing, licht opgewarmd

ROUTEBESCHRIJVING

1. Doe de gedroogde gember en citrusvruchten in een koffiemolen en hak ze fijn om de aromatische smaken vrij te maken.

2. Doe de gember en citrusvruchten in een theezakje of vierkant kaasdoek en knoop vast met een touwtje zodat het zakje/kaasdoek gesloten blijft. (Het is bijna onmogelijk om gedroogde kruiden uit honing te plukken.)

3. Giet in een glazen pot driekwart van de licht opgewarmde honing over de bovenkant van het kruidenzakje. Gebruik een eetstokje of spies om de honing te roeren, luchtbellen te verwijderen en zorg ervoor dat het kruidenzakje volledig vochtig is.

4. Vul de pot af met de resterende honing. Schroef het deksel stevig vast. Plaats de pot niet in direct zonlicht, op een plek waar je het proces kunt volgen.

5. Laat de smaken 2 weken intrekken. Als je een probleem hebt met de kruidenzak die naar de oppervlakte drijft, draai de pot dan ondersteboven. Dit houdt de smaken ondergedompeld en mengt de honing enigszins.

6. Verwijder na 2 weken het theezakje en bewaar de honing maximaal een jaar in de voorraadkast.

5. Honing Perzik BBQ Saus

Opbrengst: 1 kop

Bereidingstijd: 30 minuten

Bereidingstijd: 20 minuten

INGREDIËNTEN

16 plakjes gedehydrateerde perziken of 1 kop vers gesneden perziken

2 theelepels olijfolie

1 kop gesnipperde ui

1 theelepel zout

1 theelepel chipotlepoeder

¼ theelepel gemalen komijn

snufje piment

¼ kopje honing

4 theelepels appelazijn

ROUTEBESCHRIJVING

1. Doe de perziken in een grote kom, bedek ze met warm water en laat ze 30 minuten weken. Giet het weekvocht af en gooi het weg. Hak de gerehydrateerde perziken grof. en zet opzij.

2. Smeer de bodem van een middelgrote pan in met olijfolie. Voeg op middelhoog vuur uien toe en kook tot ze zacht zijn en bruin beginnen te worden, 5 minuten.

3. Voeg zout, chipotle, komijn en piment toe en kook tot de kruiden geurig ruiken, ongeveer 30 seconden.

4. Voeg gerehydrateerde perziken, honing en azijn toe en roer om te coaten.

5. Bedek de pan, zet het vuur op middelhoog en kook tot de perziken helemaal zacht zijn en uit elkaar vallen, 15 minuten.

6. Doe over in een blender om te pureren of gebruik een staafmixer. Voeg extra appelciderazijn toe voor een dunnere saus.

6. Slow Cooker Gekruide Perenboter

Opbrengst: 3 kopjes

Bereidingstijd: 1 uur

Bereidingstijd: 4 tot 8 uur

INGREDIËNTEN

1 pond gedehydrateerde perensecties

$\frac{1}{4}$ kopje bruine suiker

1 eetlepel kaneel

1 theelepel gemalen gember

$\frac{1}{2}$ theelepel gemalen nootmuskaat

ROUTEBESCHRIJVING

1. Voeg de gedehydrateerde peren toe aan een slowcooker en voeg voldoende water toe om het fruit te bedekken. Laat het deksel eraf 1 uur op laag vuur koken tot de peren opnieuw hydrateren.

2. Voeg de resterende ingrediënten toe aan de slowcooker, roer om te combineren en dek af.

3. Kook 4 uur op high of 6 tot 8 uur op low.

4. Gebruik een staafmixer om het mengsel te pureren, of doe het in een blender en mix in kleine hoeveelheden.

5. Bewaar maximaal 3 weken in de koelkast.

7. Zelfgemaakte Geroosterde Pindakaas

Opbrengst: ½ kopje

Bereidingstijd: 20 minuten

Bereidingstijd: 5 minuten

INGREDIËNTEN

2 kopjes gedehydrateerde pinda's

honing, naar smaak

ROUTEBESCHRIJVING

1. Verwarm de oven voor op 300°F.

2. Verspreid pinda's van niet meer dan ½ inch dik op een bakplaat. Rooster 20 minuten. Als ze op de juiste manier worden geroosterd, worden ze lichtbruin en hebben ze de smaak van pinda's, nootachtig en aangenaam, niet zoals een boon.

3. Maal de geroosterde pinda's in een keukenmachine tot er boter ontstaat, ongeveer 5 minuten. Schraap de zijkanten en voeg naar smaak honing toe, verwerk nog een minuut totdat het de gewenste consistentie heeft bereikt. Extra plantaardige of pindaolie kan worden toegevoegd als je dunnere pindakaas wilt.

8. Romige Komkommer Saladedressing

Opbrengst: 2 kopjes

Bereidingstijd: 15 minuten

INGREDIËNTEN

1 kopje gedehydrateerde komkommerchips

½ kopje gedehydrateerde groene uien

½ theelepel gedroogde knoflook

¾ kopje lichtzure room

1 eetlepel lichte mayonaise

1 eetlepel citroensap

1 theelepel gedroogde dille, basilicum of peterselie

ROUTEBESCHRIJVING

1. Doe komkommerchips en uien in een grote kom, bedek ze met koud water en laat ze 15 minuten weken. Giet het weekvocht af en gooi het weg.

2. Mix de gerehydrateerde groenten en overige ingrediënten in een blender of kleine keukenmachine tot een gladde massa.

3. Voeg een scheutje melk toe als de dressing wat dunner moet worden.

GEPOEDERDE GROENTEN

9. Tomaten poeder

Opbrengst: ⅔ kopje

Bereidingstijd: 5 minuten

INGREDIËNTEN

1 kopje gedroogde tomaten, verdeeld

ROUTEBESCHRIJVING

1. Maal in porties van ¼ kopje gedehydrateerde tomaten in een keukenmachine, blender of koffiemolen totdat de tomaten poedervormig zijn.

2. Breng over naar een zeef van gaas en beweeg de stukken met een spatel totdat het poeder door het gaas valt.

10. Zoete Aardappel Poeder

Opbrengst: 2 kopjes puree, ½ kopje poeder

Bereidingstijd: 60 minuten

Bereidingstijd: 5 tot 8 uur

INGREDIËNTEN

2 pond zoete aardappelen

ROUTEBESCHRIJVING

1. Schil de zoete aardappelen of laat de schil zitten voor extra voedingswaarde. Snijd in dunne reepjes. Kook gedurende 10 tot 15 minuten, tot de zoete aardappelen zacht zijn, giet af en bewaar kookvocht. U kunt ook hele en gesneden reepjes bakken als ze gaar zijn.

2. Pureer de zoete aardappelen tot een gladde consistentie. Verdun eventueel met water, bij voorkeur kookvocht.

3. Smeer ½ kopje aardappelpuree op elk Paraflexx-vel, met plastic folie beklede bak of op fruitleervellen. Smeer ERG dun uit.

4. Droog gedurende 4 tot 6 uur bij 135°F. Als de bovenkant droog is, draai je de vellen zoete aardappelen om, verwijder je de bakfolie en droog je de onderkant indien nodig nog 1 tot 2 uur.

5. Stop met drogen als de zoete aardappelvellen krokant zijn en het product verkruimelt.

6. Verwerk tot een poeder door de gedehydrateerde zoete aardappelschors in een blender of keukenmachine te doen en te mengen.

11. Selderij zout

Opbrengst: 1 kop

Bereidingstijd: 5 minuten

INGREDIËNTEN

½ kopje gedroogde stengels bleekselderij en bladeren

½ kopje koosjer zout, plus meer indien nodig

ROUTEBESCHRIJVING

1. Maal de bleekselderij fijn in een koffiemolen of keukenmachine.

2. Voeg het koosjer zout toe en verwerk het gedurende een minuut in korte uitbarstingen tot het mengsel de gewenste consistentie heeft bereikt. Speel met de verhouding zout en selderij om aan uw smaak te voldoen.

12. Groene poedermix

Opbrengst: 2 kopjes poeder

Bereidingstijd: 5 minuten

Bereidingstijd: 4 tot 8 uur

INGREDIËNTEN

6 kopjes verse spinazieblaadjes

6 kopjes verse boerenkoolbladeren

ROUTEBESCHRIJVING

1. Het is niet nodig om de groentebladeren bij te snijden voor het uitdrogen; het kan echter zijn dat u taaie ribben, stelen en zaden wilt verwijderen.

2. Droog groenten bij 100°F en begin na 4 uur te controleren of ze droog zijn. Afhankelijk van de grootte van de bladeren en hun dikte kan dit tot 8 uur duren.

3. Eenmaal droog wrijf je de bladeren tussen je handen om ze in kleinere stukjes te breken. Maal de stukjes in een keukenmachine, blender of koffiemolen totdat de greens poedervormig zijn. Zeef het poeder door een zeef. Meng alle grote stukken opnieuw tot het allemaal verpoederd is.

GEDEHYDRATEERD FRUIT

13. Geraspte Kokosnoot

Opbrengst: 2 tot 3 kopjes

Bereidingstijd: 20 minuten

Bereidingstijd: 6 tot 10 uur

INGREDIËNTEN

1 kleine verse kokosnoot, gepeld

ROUTEBESCHRIJVING

1. Prik een gaatje in de bovenkant van de kokosnoot en giet de melk af.

2. Breek de kokosnoot met een hamer doormidden langs de middenmarkering. Verwijder de harde buitenste schil.

3. Verwijder het zachte buitenste vlies met een dunschiller of een scherp mes.

4. Rasp het verse kokosvlees op verschillende manieren.

5. Droog kleine en middelgrote snippers gedurende 6 tot 8 uur op een dehydratorbak bij 110°F. Het kan tot 10 uur duren voordat dikke kokosnootsnippers klaar zijn.

14. Kokosnoot meel

Opbrengst: ½ kopje

Bereidingstijd: 5 minuten

Bereidingstijd: 2 tot 4 uur

INGREDIËNTEN

1 kopje geraspte kokosnoot (pagina 96)

2 kopjes water

ROUTEBESCHRIJVING

1. Plaats de geraspte kokosnoot in een blender met 2 kopjes water. Verwerk op hoog totdat de kokosnoot fijn is gehakt.

2. Zeef de melk door een jelly bag; bewaren om te drinken.

3. Neem het vruchtvlees, verdeel het over een dehydrator Paraflexx-blad en droog het gedurende 2 tot 4 uur bij 110°F.

4. Eenmaal gedroogd, verwerk je de gedehydrateerde pulp tot een fijn poeder. Dit kokosmeel bevat minder vet en vereist ook meer water of ei bij gebruik in recepten.

Variant: Je kunt het water weglaten en de geraspte kokos in kleine hoeveelheden in een blender verwerken tot het de consistentie van een fijn poeder is. Dit meel heeft een hoger vetgehalte en droogt niet zo uit in recepten.

15. Bananenbroodjes Aardbei

Opbrengst: 3 grote schalen, 24 rollen

Bereidingstijd: 10 minuten

Bereidingstijd: 6 tot 8 uur

INGREDIËNTEN

2 pond aardbeien, gepeld

3 middelgrote rijpe bananen

honing (optioneel)

water of vruchtensap, naar behoefte

ROUTEBESCHRIJVING

1. Snijd de aardbeien in vieren en doe ze in een blender.

2. Breek bananen in stukjes van 5 cm en doe ze in de blender.

3. Voeg eventueel honing naar smaak toe.

4. Volg de kookinstructies voor fruitleer op pagina 38 en meng het fruit tot een gladde massa. Voeg indien nodig water of sap toe in stappen van 1 eetlepel om het mengsel te verdunnen.

5. Bedek de dehydratorbakken met een plastic leren fruitschaal of plasticfolie. Schep het mengsel in gelijke hoeveelheden op de dehydratorbakken. Dek af met schaaltjes of plastic folie. Droog bij 125°F gedurende 6 tot 8 uur.

16. Kaneel appel leer

Opbrengst: 4 grote schalen, 36 rollen

Bereidingstijd: 40 minuten

Bereidingstijd: 6 tot 10 uur

INGREDIËNTEN

8 zoete appels, geschild en klokhuis verwijderd

1 kopje water

gemalen kaneel, naar smaak

2 eetlepels citroensap

suiker, naar smaak (optioneel)

ROUTEBESCHRIJVING

1. Hak de appels grof. Voeg appels en water toe aan een grote pan. Dek af en laat 15 minuten sudderen op middelhoog vuur.

2. Pureer de appels in de pan en voeg kaneel, citroensap en suiker toe, indien gebruikt. Laat 10 minuten sudderen.

3. Laat het mengsel afkoelen en laat kleine partijen appels door een blender of keukenmachine lopen tot er een consistente puree ontstaat.

4. Bedek de dehydratorbakken met een plastic leren fruitschaal of plasticfolie. Spreid de puree uit op dehydratorbakken om een

laag van ¼ inch dik te vormen. Dek af met schaaltjes of plastic folie. Droog bij 125°F gedurende 6 tot 10 uur.

17. Pompoentaart leer

Opbrengst: 3 grote schalen, 24 rollen

Voorbereidingstijd: 5 tot 20 minuten bij gebruik van ingeblikte pompoen; 40 tot 60 minuten voor verse pompoen

Bereidingstijd: 8 tot 10 uur

INGREDIËNTEN

1 (29-ounce) kan pompoen of 3 kopjes verse pompoen, gekookt en gepureerd

¼ kopje honing

¼ kopje appelmoes

2 theelepels gemalen kaneel

½ theelepel gemalen nootmuskaat

½ theelepel gemalen kruidnagel

½ theelepel gemalen gember

ROUTEBESCHRIJVING

1. Meng alle ingrediënten in een grote kom tot er puree ontstaat.

2. Bedek de dehydratorbakken met een plastic leren fruitschaal of plasticfolie. Spreid de puree uit op dehydratorbakken om een laag van ¼ inch dik te vormen. Dek af met schaaltjes of plasticfolie. Droog bij 130°F gedurende 8 tot 10 uur.

18. Pizzamix Tomatenleer

Opbrengst: 2 grote schalen, 16 rollen

Bereidingstijd: 40 minuten

Bereidingstijd: 8 tot 12 uur

INGREDIËNTEN

1 pond tomaten, ontpit en in vieren gesneden

½ eetlepel Pizza Seasoning Blend (optioneel)

ROUTEBESCHRIJVING

1. Kook de tomaten in een middelgrote pan met deksel op laag vuur gedurende 15 tot 20 minuten. Haal van het vuur en laat een paar minuten afkoelen.

2. Pureer de gekookte tomaten in een blender of keukenmachine tot een gladde massa. Voeg kruiden toe, indien gebruikt, en mix.

3. Doe de puree terug in de pan en verwarm tot het water is verdampt en de saus is ingedikt.

4. Bedek de dehydratorbakken met een plastic leren fruitschaal of plastic folie. Spreid de tomatenpuree uit op dehydratorbakken om een ¼-inch dikke laag te vormen. Dek af met schaaltjes of plasticfolie. Droog bij 135°F gedurende 8 tot 12 uur.

19. Gemengd plantaardig leer

Opbrengst: 1 grote bak, 8 rollen

Bereidingstijd: 40 minuten

Bereidingstijd: 4 tot 8 uur

INGREDIËNTEN

2 kopjes tomaten, klokhuis verwijderd en in stukjes gesneden

1 kleine ui, gesnipperd

¼ kopje gehakte selderij

1 takje basilicum

zout, naar smaak

ROUTEBESCHRIJVING

1. Kook alle ingrediënten in een middelgrote pan met deksel op laag vuur gedurende 15 tot 20 minuten. Haal van het vuur en laat een paar minuten afkoelen.

2. Voeg toe aan een blender en pureer tot een gladde massa.

3. Doe de puree terug in de pan en verwarm tot het water is verdampt en de saus is ingedikt.

4. Bedek de dehydratorbakken met een plastic leren fruitschaal of plasticfolie. Spreid de puree uit op dehydratorbakken om een laag van ¼ inch dik te vormen. Dek af met schaaltjes of plasticfolie. Droog op 135°F, tot het buigzaam is (voor een

wrap), ongeveer 4 uur, of tot het krokant is (voor gebruik in soepen en stoofschotels), 6 tot 8 uur.

20. Tomaten Wraps

Opbrengst: 2 grote schalen, 6 wraps

Bereidingstijd: 5 minuten

Bereidingstijd: 4 uur

INGREDIËNTEN

2 pond tomaten, ontpit en in stukjes gesneden

kruiden, naar smaak

ROUTEBESCHRIJVING

1. Pureer de verse tomaten in een blender of keukenmachine tot een gladde massa.

2. Voeg naar wens kruiden toe.

3. Bedek de dehydratorbakken met een plastic leren fruitschaal of plastic folie. Spreid de puree uit op dehydratorbakken om een laag van $\frac{1}{4}$ inch dik te vormen. Dek af met schaaltjes of plastic folie. Droog bij 125 ° F tot het buigzaam is en in staat is om uit de bakjes te halen, maar niet knapperig, ongeveer 4 uur.

KRUIDEN MENGSELS

21. Cajun-kruidenmix

Opbrengst: 1½ kopjes

INGREDIËNTEN

¼ kopje knoflookpoeder

¼ kopje koosjer of zeezout

½ kopje paprika

2 eetlepels peper

2 eetlepels uienpoeder

2 eetlepels gedroogde oregano

1 eetlepel gedroogde tijm

1 eetlepel cayennepeper (optioneel)

ROUTEBESCHRIJVING

Meng alle ingrediënten in een pot met voldoende ruimte om de ingrediënten te schudden.

22. Biefstuk kruidenmix

INGREDIËNTEN

2 eetlepels grof zout

1 eetlepel peper

1 eetlepel koriander

1 eetlepel mosterdzaad

½ eetlepel dillezaad

½ eetlepel rode pepervlokken

ROUTEBESCHRIJVING

Meng en laat het door een kruidenmolen of koffiemolen lopen om een poeder te krijgen. Gebruik ½ eetlepel per 1½ pond vlees.

23. Mix voor pizzakruiden

INGREDIËNTEN

1½ theelepel gedroogde basilicum

1½ theelepel gedroogde oregano

1½ theelepel gedroogde ui

1½ theelepel gedroogde rozemarijn

½ theelepel gedroogde tijm

½ theelepel knoflookpoeder

½ theelepel zout

½ theelepel rode pepervlokken

ROUTEBESCHRIJVING

Meng en laat het door een kruidenmolen of koffiemolen lopen om een poeder te krijgen. Gebruik ½ eetlepel per pond tomaten.

24. Creoolse kruidenmix

Opbrengst: ongeveer ½ kopje

INGREDIËNTEN

1 eetlepel uienpoeder

1 eetlepel knoflookpoeder

1 eetlepel gedroogde basilicum

½ eetlepel gedroogde tijm

½ eetlepel zwarte peper

½ eetlepel witte peper

½ eetlepel cayennepeper

2½ eetlepel paprikapoeder

1½ eetlepel zout

ROUTEBESCHRIJVING

Combineer uienpoeder, knoflookpoeder, gedroogde basilicum, gedroogde tijm, peper, paprika en zout in een kleine kom. Meng grondig.

25. Kruidenkruiden

Opbrengst: 1 portie

INGREDIËNT

½ theelepel Gemalen hete peper

1 eetlepel Knoflookpoeder

1 theelepel Elke gedroogde basilicum, gedroogde marjolein, gedroogde tijm, gedroogde peterselie,

Gedroogd hartig, foelie, uienpoeder, versgemalen zwarte peper, saliepoeder.

ROUTEBESCHRIJVING:

Combineer ingrediënten, bewaar in een luchtdichte verpakking op een koele, droge, donkere plaats tot zes maanden.

26. Ethiopische kruidenmix (berbere)

Opbrengst: 1 portie

INGREDIËNT

2 theelepels Hele komijnzaadjes

4 elk Hele kruidnagel

¾ theelepel Zwarte kardemomzaadjes

½ theelepel Hele zwarte peperkorrels

¼ theelepel Hele piment

1 theelepel fenegriekzaden

½ theelepel Hele korianderzaadjes

10 kleintjes Gedroogde rode chilipepers

½ theelepel Geraspte gember

¼ theelepel Kurkuma

2½ eetlepel Zoete Hongaarse paprika

⅛ theelepel kaneel

⅛ theelepel Gemalen kruidnagel

ROUTEBESCHRIJVING:

In een kleine koekenpan, op laag vuur, komijn, kruidnagel, kardemom, peperkorrels, piment, fenegriek en koriander ongeveer 2 minuten roosteren onder voortdurend roeren

Haal van het vuur en laat 5 minuten afkoelen. Gooi stengels van pepers weg. Maal de geroosterde kruiden en chilipepers fijn in een kruidenmolen of met een vijzel.

Meng de resterende ingrediënten erdoor.

27. Kruidensalade dressing mix

Opbrengst: 1 portie

INGREDIËNT

¼ kopje peterselievlokken

2 eetlepels Elke gedroogde oregano, basilicum en marjolein, verkruimeld

2 eetlepels Suiker

1 eetlepel venkelzaad, geplet

1 eetlepel Droge mosterd

1½ theelepel zwarte peper

ROUTEBESCHRIJVING:

Doe alle ingrediënten in een pot van 1 pint, dek goed af en schud goed om te mengen. Bewaar op een koele, donkere, droge plaats

Maakt 1 kopje om kruidenvinaigrettedressing te maken: Klop in een kleine kom 1 eetlepel kruidensaladedressingmix, ¾ kopje warm water, 2½ eetlepel dragonazijn of witte wijnazijn, 1 eetlepel olijfolie en 1 geperst teentje knoflook.

Proef en voeg ¼ tot ½ theelepel van de Herb Salad Dressing Mix toe als je een sterkere smaak wilt. Laat minstens 30 minuten op kamertemperatuur komen voor gebruik en klop opnieuw.

28. Gemengde kruidenazijn

Opbrengst: 1 portie

Ingrediënt

- 1 pint rode wijnazijn
- 1 stuk ciderazijn
- 2 Gepelde, gehalveerde knoflookteentjes
- 1 takje dragon
- 1 Takje tijm
- 2 takjes verse oregano
- 1 kleine stengel zoete basilicum
- 6 zwarte peperkorrels

Routebeschrijving:

Giet rode wijn en ciderazijn in een literpot. Voeg knoflook, kruiden, peperkorrels toe en dek af. Drie weken laten staan op een koele plek, uit de zon. Schud af en toe. Giet in flessen en stop met kurk.

29. Gemengde kruidenpesto

Opbrengst: 1 portie

INGREDIËNT

1 kop Verpakte verse bladpeterselie

½ kopje Verpakte verse basilicumblaadjes;

1 eetlepel verse tijmblaadjes

1 eetlepel verse rozemarijnblaadjes

1 eetlepel verse dragonblaadjes

½ kopje Vers geraspte Parmezaanse kaas

⅓ kopje Olijfolie

¼ kopje Walnoten; geroosterd goud

1 eetlepel balsamicoazijn

ROUTEBESCHRIJVING:

Meng in een keukenmachine alle ingrediënten met zout en peper naar smaak tot een gladde massa. (Pesto houdbaar, oppervlak bedekt met plasticfolie, gekoeld, 1 week.)

30. Mosterd-kruidenmarinade

Opbrengst: 1 portie

INGREDIËNT

½ kopje Dijon-mosterd

2 eetlepels droge mosterd

2 eetlepels Plantaardige olie

¼ kopje Droge witte wijn

2 eetlepels gedroogde dragon

2 eetlepels gedroogde tijm

2 eetlepels gedroogde salie, geplet

ROUTEBESCHRIJVING:

Meng alle ingrediënten in een kom. Laat 1 uur staan. Voeg kip of vis toe en bedek goed. In marinade laten staan. Dep droog met keukenpapier

Gebruik de resterende marinade om vis of kip te bedruipen vlak voordat u ze van de grill haalt.

31. Kruidendessertsaus

Opbrengst: 1 portie

INGREDIËNT

⅓ kopje zware room

¾ kopje Karnemelk

1 theelepel geraspte citroenschil

¼ theelepel Gemalen gember

⅛ theelepel Gemalen kardemom

¼ kopje Garam masala, piment of

Nootmuskaat

ROUTEBESCHRIJVING:

Klop de room in een middelgrote, gekoelde kom tot er zich zachte pieken vormen.

Meng de resterende ingrediënten samen in een kleine kom en spatel ze voorzichtig door de room. De saus moet de dikte hebben van dikke room.

32. Citruskruidendressing

Opbrengst: 1 portie

INGREDIËNT

½ middelgrote rode paprika,

2 middelgrote Tomaten, in stukken gesneden

½ kopje Losjes verpakte verse basilicum

2 teentjes knoflook, fijngehakt

½ kopje vers sinaasappelsap

½ kopje Losjes verpakte verse Peterselie

¼ kopje frambozenazijn

1 eetlepel Droge mosterd

2 theelepels verse tijmblaadjes

2 theelepels verse dragon

2 theelepels verse oregano

Grond zwarte peper

ROUTEBESCHRIJVING:

Combineer alle ingrediënten in een blender of keukenmachine en mix tot puree.

33. Cottage-kruidendressing

Opbrengst: 6 porties

INGREDIËNT

1 eetlepel Melk

12 ons kwark

1 theelepel Citroensap

1 kleine Ui Plak -- Dun

3 Radijs -- Gehalveerd

1 theelepel Gemengde Saladekruiden

1 takje peterselie

$\frac{1}{4}$ theelepel Zout

ROUTEBESCHRIJVING:

Doe de melk, kwark en citroensap in een blenderkan en mix tot een gladde massa. Voeg de resterende ingrediënten toe aan het kwarkmengsel en mix tot alle groenten fijngehakt zijn.

34. Provençaalse kruidenmix

Opbrengst: 1 portie

INGREDIËNT

$\frac{1}{2}$ kopje Gedroogde hele tijm

$\frac{1}{4}$ kopje Hele gedroogde basilicum

2 eetlepels Hele gedroogde oregano

2 eetlepels Hele gedroogde rozemarijn

ROUTEBESCHRIJVING:

Meng Kruiden, samen grondig. Bewaar in een luchtdichte container

35. Kruiden- en oliemarinade

Opbrengst: 1 portie

INGREDIËNT

Sap en schil van 1 sinaasappel

¼ kopje Citroensap

¼ kopje Plantaardige olie

½ theelepel gember

½ theelepel Salie

1 teentje knoflook, fijngehakt

Versgemalen peper

ROUTEBESCHRIJVING:

Combineer ingrediënten. Laat het vlees 4 uur marineren in een ondiepe glazen schaal in de koelkast. Bedruip met marinade tijdens het braden of barbecueën.

36. Gemakkelijke kruidenazijn

Opbrengst: 1 portie

INGREDIËNT

4 takjes verse rozemarijn

ROUTEBESCHRIJVING:

Om kruidenazijn te maken, doe je afgespoelde en gedroogde kruiden en eventuele specerijen in een gesteriliseerde wijnfles van 750 ml en voeg je ongeveer 3 kopjes azijn toe, tot op $\frac{1}{4}$ inch van de bovenkant. Stop met een nieuwe kurk en zet 2 tot 3 weken opzij om te trekken. De azijn is minimaal 1 jaar houdbaar.

Gebruik met rode wijnazijn: 4 takjes verse krulpeterselie, 2 eetlepels zwarte peperkorrels

37. Zuring-bieslook pesto

Opbrengst: 1 portie

INGREDIËNT

1 kopje zuring

4 eetlepels Sjalotten; fijngehakt

4 eetlepels Pijnboompitten; grond

3 eetlepels peterselie; gehakt

3 eetlepels bieslook; gehakt

Geraspte schil van 4 sinaasappels

¼ Uien, rood; gehakt

1 eetlepel Mosterd, droog

1 theelepel Zout

1 theelepel Peper, zwart

1 snufje Peper, cayennepeper

¾ kopje olie. olijf-

ROUTEBESCHRIJVING:

Mix de zuring, sjalotten, pijnboompitten, peterselie, bieslook, sinaasappelschil en ui in een keukenmachine of blender.

Voeg droge mosterd, zout, peper en cayennepeper toe en meng opnieuw. Druppel LANGZAAM de olie erbij terwijl het mes beweegt.

Breng over naar potten van gehard glas.

38. Komkommerkruidendressing

Opbrengst: 12 porties

INGREDIËNT

½ kopje peterselie

1 eetlepel Verse dille, fijngehakt

1 theelepel verse dragon, fijngehakt

2 eetlepels appelsapconcentraat

1 middelgrote komkommer, geschild, zonder zaadjes

1 teentje Knoflook, fijngehakt

2 groene uien

1½ theelepel Witte wijnazijn

½ kopje magere yoghurt

¼ theelepel Dijon-mosterd

ROUTEBESCHRIJVING:

Combineer alle ingrediënten behalve yoghurt en mosterd in de blender. Mix tot een gladde massa, roer de yoghurt en de mosterd erdoor. Bewaar in de koelkast

39. Gekruide pecannoten

Opbrengst: 1 portie

INGREDIËNT

½ kopje Pecannoten - gebroken

3 teentjes knoflook -- in stukjes gesneden

½ kopje verse oregano

½ kopje verse tijm

½ theelepel Citroenschil

½ theelepel zwarte peper

¼ theelepel Zout

¼ kopje kookolie

ROUTEBESCHRIJVING:

Combineer alle ingrediënten BEHALVE olie in een blender of keukenmachine.

Dek af en meng meerdere keren, schraap de zijkanten, tot een pastaformulieren.

Voeg, terwijl de machine draait, geleidelijk olie toe totdat het mengsel een pasta vormt.

Wrijf op vis of kip.

40. Pittige kruidendressing

Opbrengst: 1

INGREDIËNT

¾ kopje wit druivensap; of appelsap

¼ kopje witte wijnazijn

2 eetlepels fruitpectine in poedervorm

1 theelepel Dijon-mosterd

2 teentjes knoflook; verpletterd

1 theelepel gedroogde uienvlokken

½ theelepel gedroogde basilicum

½ theelepel gedroogde oregano

¼ theelepel zwarte peper; grof gemalen

ROUTEBESCHRIJVING:

Meng druivensap, azijn en pectine in een kleine kom; roer tot pectine is opgelost. Roer de mosterd en de overige ingrediënten erdoor; goed mengen. Bewaar in de koelkast

41. Knoflook-citroen-kruiden rub

Opbrengst: 1 portie

INGREDIËNT

¼ kopje Knoflook; gehakt

¼ kopje Citroenschil; geraspt

½ kopje peterselie; vers, fijngehakt

2 eetlepels Tijm; vers gehakt

2 eetlepels Rozemarijn

2 eetlepels salie; vers, gehakt

½ kopje Olijfolie

ROUTEBESCHRIJVING:

Combineer de ingrediënten in een kleine kom en meng goed. Gebruik de dag dat het gemengd is.

42. Dolce latte kruidendip

Opbrengst: 6 porties

INGREDIËNT

450 milliliter Zure room

150 gram dolce latte; verkruimeld

1 eetlepel Citroensap

4 eetlepels Mayonaise

2 eetlepels milde currypasta

1 rode paprika; in blokjes gesneden

1 50 gram volle zachte kaas; (2oz.)

1 kleine ui; fijn gesneden

2 eetlepels gemengde kruiden

2 eetlepels Tomatenpuree

Zout en versgemalen zwarte peper

Groente rauwkost en gesneden pitabrood

ROUTEBESCHRIJVING:

Verdeel de zure room over 3 kleine kommetjes. Voeg in een kom de dolce latté en het citroensap toe, voeg in de tweede kom 2 eetlepels mayonaise, currypasta en rode peper toe. Voeg in de derde kom de volle zachte kaas, ui, kruiden en tomatenpuree toe.

Voeg kruiden naar smaak toe aan elk van de kommen en meng goed. Verdeel de dipsauzen over serveerschalen en serveer gekoeld met rauwkost van groenten en gesneden pitabroodjes.

43. Franse kruidenmelange

Opbrengst: 2 kopjes

INGREDIËNT

½ kopje Dragon

½ kopje Kervel

2 eetlepels salieblaadjes

½ kopje tijm

2 eetlepels Rozemarijn

5 eetlepels bieslook

2 eetlepels sinaasappelschil, uitgedroogd

2 eetlepels Selderijzaad, gemalen

ROUTEBESCHRIJVING:

Dump alles samen en mix tot alles goed gecombineerd is. Verpak in kleine potjes en label

Verkruimel de kruiden in de hand bij gebruik.

Meet kruiden af op volume, niet op gewicht, vanwege de grote variatie in vochtgehalte.

44. Kruiden- en specerijenboter

Opbrengst: 1 portie

INGREDIËNT

8 eetlepels boter zacht

2 eetlepels verse rozemarijn, gehakt

1 eetlepel verse dragon, gehakt

1 eetlepel Verse bieslook, gehakt

1 eetlepel kerriepoeder

ROUTEBESCHRIJVING:

Klop de zachte boter romig. Meng de resterende ingrediënten erdoor.

Leg de boter op vetvrij papierd vorm er een rol van met een plat mes.

Laat de boter minimaal twee uur in de koelkast rusten zodat de boter de smaak van de kruiden volledig kan opnemen.

45. Kruiden groentedressing

Opbrengst: 1 portie

INGREDIËNT

½ theelepel verse peterselie

½ theelepel verse dragon

½ theelepel verse bieslook

½ theelepel verse kervel

3 eetlepels Wijnazijn

9 eetlepels Olijfolie

1 theelepel Dijon-mosterd

½ theelepel Zout

½ theelepel zwarte peper

ROUTEBESCHRIJVING:

Hak de verse kruiden fijn, bewaar een paar blaadjes om als garnering te gebruiken.

Doe alle ingrediënten in een kleine mengkom. Klop krachtig met een draadgarde tot alles goed gemengd is.

Garneer met verse blaadjes en serveer direct.

46. Spek, tomaat en kruidendip

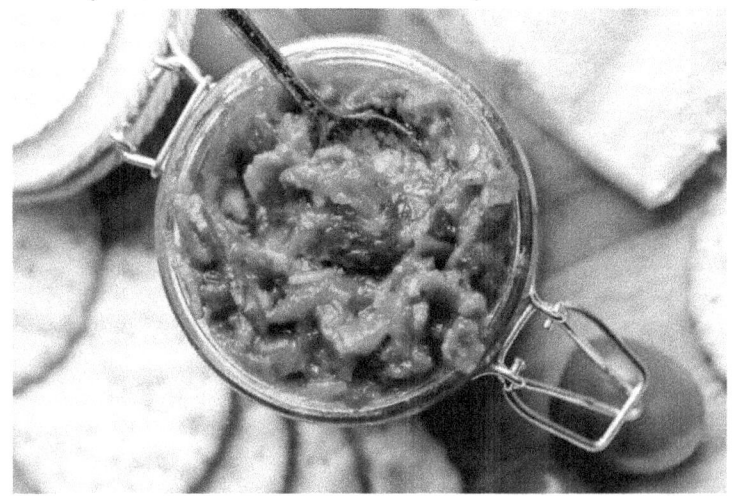

Opbrengst: 1 portie

INGREDIËNT

1 houder; (16 oz.) Zure room

1 eetlepel Basilicum

1 eetlepel Beau Monde Kruiden

1 middelgrote tomaat

8 plakjes Spek gekookt en verkruimeld

ROUTEBESCHRIJVING:

Roer in een middelgrote kom alle ingrediënten door elkaar tot ze goed gemengd zijn. Bedek en koel 2 uur of 's nachts.

47. Knoflookkruidenpasta

Opbrengst: 8 porties

INGREDIËNT

1 Knoflook

4 zongedroogde tomaten; niet verpakt in olie

1 kopje magere yoghurtkaas

½ theelepel ahornsiroop

2 eetlepels verse basilicum; gehakt

½ theelepel rode pepervlokken

¼ theelepel Zeezout; vers gemalen

Italiaans brood; gesneden; optioneel

ROUTEBESCHRIJVING:

Wikkel de knoflookkop in aluminiumfolie en bak in een voorverwarmde oven van 375F gedurende 35 minuten.

Breng de zongedroogde tomaten aan de kook in een klein beetje water. Laat 15 minuten staan en laat dan uitlekken op keukenpapier. Hak fijn als het gedroogd is.

Combineer alle ingrediënten behalve het brood met een draadgarde. Laat minimaal 30 minuten zitten.

48. Chevre met uitgespreide kruiden

Opbrengst: 8 porties

INGREDIËNT

4 ons gewone roomkaas

4 ons Chevre

Verse Kruiden -- naar smaak

ROUTEBESCHRIJVING:

Als u uw eigen kruiden gebruikt, zijn rozemarijn, dragon en bonenkruid goede keuzes, alleen of in combinatie.

Gebruik de spread om sneeuw- of sugarsnaps te vullen, om komkommer- of courgetterondjes, zoete maaltijdkoekjes, waterkoekjes of licht geroosterde mini-bagels te smeren.

RUNDVLEES

49. Mijn klassieke beef jerky

Opbrengst: ¾ pond

Bereidingstijd: 15 minuten, plus een nacht

Bereidingstijd: 5 tot 8 uur

INGREDIËNTEN

1½ pond mager rundvlees

2 kopjes witte azijn

Klassieke runderpekel

¼ kopje sojasaus

⅓ kopje Worcestershire-saus

1 eetlepel barbecuesaus

½ theelepel peper

½ theelepel zout

½ theelepel ui

½ theelepel knoflook

ROUTEBESCHRIJVING

1. Snijd rundvlees in plakjes van ¼ inch.

2. In een middelgrote kom de plakjes rundvlees 10 minuten voorbehandelen met de witte azijn. Giet de witte azijn af en gooi deze weg.

3. Voeg de uitgelekte plakjes rundvlees en pekelingrediënten toe aan een zak met ritssluiting van 1 gallon. Voeg indien nodig water toe om het vlees volledig te bedekken. Nachtje laten weken in de koelkast.

4. Giet de volgende dag de pekel af, leg het vlees zo neer dat de stukken elkaar niet raken en laat het 5 tot 8 uur drogen bij 160°F tot het krokant maar buigzaam is.

Teriyaki Pekel: Gebruik voor een Aziatisch tintje deze ingrediënten voor de pekel: ⅔ kopje teriyakisaus, 1 eetlepel sojasaus, ½ kopje water of ananassap, ½ theelepel uienpoeder, ½ theelepel verse knoflook, ½ theelepel zout en ½ theelepel peper .

Pittige Cajun-pekel: Als je van pittig houdt, probeer dan een Cajun-pekel: ½ kopje balsamicoazijn, ⅓ kopje Worcestershire-saus, ⅓ kopje water, 1 eetlepel melasse, 1 eetlepel Cajun-kruiden, 1 theelepel gerookte paprika, ½ theelepel zout, ½ theelepel peper, en ¼ theelepel cayennepeper.

50. Biefstuk Jerky

Opbrengst: ¾ pond

Bereidingstijd: 15 minuten, plus een nacht

Bereidingstijd: 5 tot 8 uur

INGREDIËNTEN

1½ pond mager rundvlees

2 kopjes witte azijn

Biefstuk Pekel

¼ kopje balsamicoazijn

⅓ kopje Worcestershire-saus

1 eetlepel melasse

1 eetlepel Steak Seasoning Blend (zie recept hieronder)

1 theelepel verse knoflook

1 theelepel uienpoeder

ROUTEBESCHRIJVING

1. Snijd rundvlees in plakjes van ¼ inch.

2. In een middelgrote kom de plakjes rundvlees 10 minuten voorbehandelen met de witte azijn. Giet de witte azijn af en gooi deze weg.

3. Voeg de uitgelekte plakjes rundvlees en pekelingrediënten toe aan een zak met ritssluiting van 1 gallon. Voeg indien nodig water toe om het vlees volledig te bedekken. Nachtje laten weken in de koelkast.

4. Giet de volgende dag de pekel af, leg het vlees zo neer dat de stukken elkaar niet raken en laat het 5 tot 8 uur drogen bij 160°F tot het krokant maar buigzaam is.

SOEP

51. Bloemkool Soep

Opbrengst: 6 kopjes

Bereidingstijd: 40 minuten

Bereidingstijd: 15 minuten

INGREDIËNTEN

2 kopjes gedehydrateerde bloemkool

$\frac{1}{8}$ kopje gedehydrateerde ui

$\frac{1}{8}$ kopje gedehydrateerde selderij

2 plakjes gedroogde knoflook

2$\frac{1}{2}$ kopje water

$\frac{1}{8}$ kopje quinoa

4 kopjes groentebouillon

peper, naar smaak

zout, naar smaak

kruiden, naar smaak

ROUTEBESCHRIJVING

1. Doe bloemkool, ui, selderij en knoflook in een grote kom en bedek met 2$\frac{1}{2}$ kopjes kokend water. Geniet tot de groenten bijna gerehydrateerd zijn, ongeveer 30 minuten. Giet het weekvocht af en gooi het weg.

2. Voeg in een grote pan de groenten, quinoa, groentebouillon, zout, peper en kruiden naar smaak toe. Kook op middelhoog vuur gedurende 15 minuten, tot de bloemkool en quinoa zacht en gaar zijn.

3. Haal van het vuur en giet kleine hoeveelheden in een blender om te mengen. Wees voorzichtig - het zal erg heet zijn. Mix tot een gladde massa, 45 tot 60 seconden.

52. Asperge Soep

Opbrengst: 6 kopjes

Bereidingstijd: 10 minuten

Bereidingstijd: 20 minuten

INGREDIËNTEN

2 kopjes gedehydrateerde asperges

1 kopje water

2 eetlepels boter of extra vergine olijfolie

½ theelepel gedroogde basilicum of 10 verse basilicumblaadjes, gehakt

4 kopjes kippenbouillon of bouillon

zout en peper naar smaak

ROUTEBESCHRIJVING

1. Doe de asperges en het water in een pan en laat 5 tot 10 minuten op middelhoog vuur sudderen tot de stukjes asperge stevig zijn. Aspergevocht afgieten en bewaren.

2. Voeg de asperges, boter en basilicum toe aan een soeppan op middelhoog vuur tot de boter is gesmolten, ongeveer 1 minuut.

3. Voeg de kippenbouillon en het aspergewater toe aan de soeppan en breng het vuur hoog tot het mengsel kookt. Zet het

vuur lager en laat 10 minuten sudderen. Haal van het vuur en laat ongeveer 5 minuten afkoelen.

4. Giet de warme soep in kleine porties in een blender en pureer tot de gewenste textuur. Breng na het pureren kleine hoeveelheden over in een grote kom om ze apart te houden. Ik bewaar graag een paar blenderbatches met grotere stukken, zodat de soep textuur heeft.

5. Doe het mengsel terug in de soeppan en voeg zout en peper naar smaak toe.

53. Thermos Groentesoep

Opbrengst: 2 kopjes

Bereidingstijd: 5 minuten

Bereidingstijd: 4 uur

INGREDIËNTEN

⅓ kopje gedroogde groenten

¼ theelepel gedroogde peterselie

¼ theelepel gedroogde zoete basilicum

mespuntje knoflookpoeder

snufje uienpoeder

zout en peper naar smaak

1 eetlepel spaghetti, in kleine stukjes gebroken

2 kopjes kokende kippen- of runderbouillon

ROUTEBESCHRIJVING

1. Vul een lege thermoskan met kokend water. Giet het hete water eruit net voordat je de ingrediënten in de thermoskan doet.

2. Voeg de gedroogde groenten, peterselie, basilicum, knoflookpoeder, uienpoeder, zout, peper en pasta toe aan de thermoskan.

3. Breng de kippen- of runderbouillon aan de kook en giet over de droge ingrediënten. Bedek de thermoskan snel en sluit goed. Schud of draai de thermoskan indien mogelijk elk uur om tot het klaar is om te eten.

GEDEHYDRATEERDE CHIPS

54. Zoete Aardappelchips

Opbrengst: 6 kopjes

Bereidingstijd: 15 minuten

Bereidingstijd: 4 tot 8 uur

INGREDIËNTEN

4 grote zoete aardappelen

ROUTEBESCHRIJVING

1. Schil de aardappelen of laat de schil zitten voor extra voedingswaarde.

2. Snijd met een mandoline elke aardappel in rondjes van $\frac{1}{8}$-inch dik.

3. Voeg de rondjes toe aan een grote pan met kokend water en kook tot ze net zacht zijn, ongeveer 10 minuten. Giet af en gooi vloeistof weg. Niet te gaar; ze moeten hun vorm behouden wanneer ze worden gehanteerd.

4. Leg natte zoete aardappelrondes op dehydratorbakken. Ze mogen elkaar niet raken.

5. Strooi zout en kruiden op frites (optioneel).

6. Droog 4 tot 8 uur op 125°F tot de chips krokant zijn en de kernen gaar zijn.

55. Boerenkool chips

Opbrengst: 2 kopjes

Bereidingstijd: 5 minuten

Bereidingstijd: 4 tot 6 uur

INGREDIËNTEN

1 bos boerenkool, stelen verwijderd

1 eetlepel olijfolie of appelazijn

kruiden, naar wens

ROUTEBESCHRIJVING

1. Snijd de boerenkoolbladeren in reepjes van 2 tot 3 inch.

2. Bestrijk de boerenkool lichtjes met olijfolie of gebruik appelciderazijn als vetarm alternatief voor olie. Dit geeft de smaakmaker iets om aan te hechten.

3. Bestrooi de boerenkool met kruiden naar keuze.

4. Leg de gekruide boerenkool op dehydratorbakken en droog ze 4 tot 6 uur op 125°F, tot ze knapperig zijn.

56. Courgette Chips

Opbrengst: 5 kopjes

Bereidingstijd: 15 minuten

Kooktijd: 10 tot 12 uur

INGREDIËNTEN

4 middelgrote courgettepompoen

$\frac{1}{4}$ kopje appelazijn

zout, naar smaak

peper, naar smaak

chilipoeder, naar smaak

ROUTEBESCHRIJVING

1. Snijd de courgette in rondjes van $\frac{1}{4}$ inch dik. Het is het beste om de dikte gelijk te houden voor een gelijkmatige droging. Experimenteer met het gebruik van een gekreukt snijblad dat ribbels in de chips maakt; de richels hebben de neiging om kruiden meer ruimte te geven om zich aan vast te grijpen.

2. Voeg appelciderazijn, zout, peper en chilipoeder toe aan een niet-reactieve kom met brede bodem. Roer tot het is opgenomen.

3. Voeg een handvol rauwe frites toe aan de kom en meng tot ze net bedekt zijn met de azijn-kruidenmix. Scheid alle aan elkaar

plakkende stukken en zorg ervoor dat alle courgetteplakjes bedekt zijn met de kruiden.

4. Schik de chips op dehydratorbakken. Ze kunnen elkaar raken, maar mogen elkaar niet overlappen.

5. Droog bij 135°F gedurende 10 tot 12 uur. Als u een dehydrator met bodemverwarming heeft, moet u de bakken mogelijk halverwege de droogcyclus opnieuw rangschikken. Verplaats na 5 uur de bovenste bakjes naar de bodem zodat de frites gelijkmatig worden gedroogd.

57. Gedehydrateerde koelkast-augurken

Opbrengst: 1 pint

Bereidingstijd: 5 minuten

Bereidingstijd: Minstens 24 uur wachttijd

INGREDIËNTEN

1 kopje azijn

1 kopje water

$1\frac{1}{2}$ eetlepel beitszout of koosjer zout

1 teentje knoflook, geplet

$\frac{1}{4}$ theelepel dillezaad

$\frac{1}{8}$ theelepel rode pepervlokken

$1\frac{1}{2}$ kopje gedehydrateerde plakjes komkommer of speren

ROUTEBESCHRIJVING

1. Om de pekel te bereiden, combineert u azijn, water en zout in een kleine steelpan op hoog vuur. Breng aan de kook, verwijder onmiddellijk en laat afkoelen.

2. Doe de knoflook, het dillezaad, de rode pepervlokken en de gedroogde komkommerschijfjes in een kleine inmaakpot.

3. Giet de afgekoelde pekel over de komkommers en vul de pot tot $\frac{1}{2}$ inch van de bovenkant. Mogelijk gebruikt u niet alle pekel.

4. Koel minstens 24 uur voor het eten. De komkommers worden 's nachts mollig en worden op magische wijze augurken.

58. Prosciutto-chips

INGREDIËNTEN

12 (1-ounce) plakjes prosciutto

Olie

ROUTEBESCHRIJVING:

Verwarm de oven voor op 350 ° F.

Bekleed een bakplaat met bakpapier en leg plakjes prosciutto in een enkele laag. Bak 12 minuten of tot de prosciutto krokant is.

Laat volledig afkoelen voor het eten.

59. Bietenchips

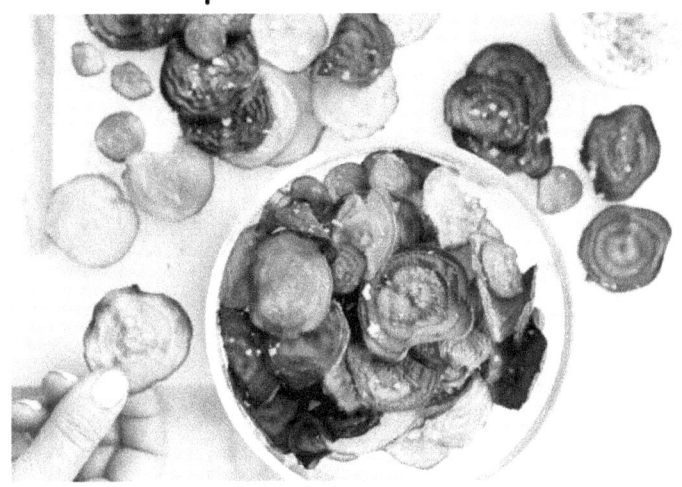

INGREDIËNT

10 middelgrote rode bieten

$^1/2$ kop avocado-olie

2 theelepels zeezout

$^1/2$ theelepel gegranuleerde knoflook

ROUTEBESCHRIJVING:

Verwarm de oven voor op 350 ° F. Bekleed een paar bakplaten met bakpapier en zet apart.

Schil de bieten met een groentesnijder en snij de uiteinden eraf. Snijd de bieten voorzichtig in rondjes van ongeveer 3 mm dik met een mandolinesnijder of een scherp mes.

Doe de gesneden bieten in een grote kom en voeg olie, zout en gegranuleerde knoflook toe. Gooi om elke plak te coaten. Zet 20 minuten opzij, zodat het zout overtollig vocht kan onttrekken.

Giet overtollige vloeistof af en leg gesneden bieten in een enkele laag op voorbereide bakplaten. Bak 45 minuten of tot ze knapperig zijn.

Haal uit de oven en laat afkoelen. Bewaar in een luchtdichte verpakking tot het klaar is om te eten, tot 1 week.

60. Gerst chips

INGREDIËNT

1 kopje bloem voor alle doeleinden

½ kopje Gerstmeel

½ kopje Gerold gerst (gerst

Vlokken)

2 eetlepels Suiker

¼ theelepel Zout

8 eetlepels (1 stokje) boter of

Margarine, verzacht

½ kopje melk

ROUTEBESCHRIJVING:

Roer in een grote kom of in de keukenmachine de bloem, gerst, suiker en zout door elkaar.

Snijd de boter erdoor tot het mengsel op grof meel lijkt. Voeg voldoende melk toe om een deeg te vormen dat bij elkaar blijft in een samenhangende bal.

Verdeel het deeg in 2 gelijke delen om uit te rollen. Rol op een met bloem bestoven oppervlak of deegdoek uit tot ⅛ tot ¼ inch. Snijd in cirkels of vierkanten van 2 inch en leg ze op een licht ingevette of met bakpapier beklede bakplaat. Prik elke cracker op 2 of 3 plaatsen in met de tanden van een vork.

Bak gedurende 20 tot 25 minuten, of tot ze mediumbruin zijn. Koel op een rooster.

61. Cheddar mexi-melt chips

INGREDIËNT

1 kop geraspte scherpe Cheddar kaas

$1/8$ theelepel gegranuleerde knoflook

$1/8$ theelepel chilipoeder

$1/8$ theelepel gemalen komijn

$1/16$ theelepel cayennepeper

1 eetlepel fijngehakte koriander

1 theelepel olijfolie

ROUTEBESCHRIJVING:

Verwarm de oven voor op 350 ° F. Bereid een bakplaat voor met bakpapier of een Silpat-mat.

Meng alle ingrediënten in een middelgrote kom tot ze goed gecombineerd zijn.

Laat porties ter grootte van een eetlepel op de voorbereide bakplaat vallen.

Kook 5-7 minuten tot de randen bruin beginnen te worden.

Laat 2-3 minuten afkoelen voordat je ze met een spatel van de bakplaat haalt.

62. Pepperoni-chips

INGREDIËNT

24 plakjes suikervrije pepperoni

Olie

ROUTEBESCHRIJVING:

Verwarm de oven voor op 425 ° F.

Bekleed een bakplaat met bakpapier en leg plakjes pepperoni in een enkele laag.

Bak 10 minuten en haal dan uit de oven en gebruik keukenpapier om overtollig vet weg te vegen. Zet nog 5 minuten in de oven of tot de pepperoni krokant is.

63. Engel chips

INGREDIËNT

½ kopje suiker

½ kopje bruine suiker

1 kopje Verkorting

1 ei

1 theelepel vanille

1 theelepel Crème van wijnsteen

2 kopjes bloem

½ theelepel Zout

1 theelepel Zuiveringszout

ROUTEBESCHRIJVING:

Roomsuiker, bruine suiker en bakvet. Voeg vanille en ei toe. Blend tot luchtig. Voeg de droge ingrediënten toe; mengen.

Rol van theelepels balletjes. Dompel in water en vervolgens in kristalsuiker. Leg op een bakplaat met de suikerkant naar boven en druk plat met een glas.

Bak gedurende 10 minuten op 350 graden.

64. Kippenvelchips saté

INGREDIËNT

Vel van 3 grote kippendijen

2 eetlepels dikke pindakaas zonder toegevoegde suikers

1 eetlepel ongezoete kokosroom

1 theelepel kokosolie

1 theelepel gezaaide en fijngehakte jalapeñopeper

$1/4$ teentjes knoflook, fijngehakt

1 theelepel kokosamino's

ROUTEBESCHRIJVING:

Verwarm de oven voor op 350 ° F. Leg de vellen zo plat mogelijk op een bakplaat bekleed met bakpapier.

Bak 12-15 minuten tot de velletjes lichtbruin en krokant worden en pas op dat u ze niet verbrandt.

Verwijder de velletjes van de bakplaat en leg ze op keukenpapier om af te koelen.

Voeg in een kleine keukenmachine pindakaas, kokosroom, kokosolie, jalapeño, knoflook en coconut aminos toe. Mix tot goed gemengd, ongeveer 30 seconden.

Snijd elk krokant kippenvel in 2 stukken.

Schep op elke kipchips 1 eetlepel pindasaus en serveer direct. Als de saus te vloeibaar is, zet hem dan 2 uur in de koelkast voor gebruik.

65. Kippenvel met avocado

INGREDIËNT

Vel van 3 grote kippendijen

¹/4 middelgrote avocado, geschild en ontpit

3 eetlepels volle zure room

¹/2 middelgrote jalapeñopeper, zonder zaadjes en fijngehakt

¹/2 theelepel zeezout

ROUTEBESCHRIJVING:

Verwarm de oven voor op 350 °F. Leg de vellen zo plat mogelijk op een bakplaat bekleed met bakpapier.

Bak 12-15 minuten tot de velletjes lichtbruin en krokant worden en pas op dat u ze niet verbrandt.

Verwijder de velletjes van de bakplaat en leg ze op keukenpapier om af te koelen.

Combineer avocado, zure room, jalapeño en zout in een kleine kom.

Meng met een vork tot alles goed gemengd is.

Snijd elk krokant kippenvel in 2 stukken.

Schep 1 eetlepel avocadomix op elke kipchips en serveer direct.

66. Parmezaanse groentechips

INGREDIËNT

³/4 kop geraspte courgette

¹/4 kop geraspte wortelen

2 kopjes vers geraspte Parmezaanse kaas

1 eetlepel olijfolie

¹/4 theelepel zwarte peper

ROUTEBESCHRIJVING:

Verwarm de oven voor op 375 ° F. Bereid een bakplaat voor met bakpapier of een Silpat-mat.

Wikkel de geraspte groenten in keukenpapier en wring overtollig vocht eruit.

Meng alle ingrediënten in een middelgrote kom tot alles goed gecombineerd is.

Plaats terpen ter grootte van een eetlepel op de voorbereide bakplaat.

Bak 7-10 minuten tot ze lichtbruin zijn.

Laat 2-3 minuten afkoelen en haal van de bakplaat.

67. Pompoentaart kokoschips

INGREDIËNT

2 eetlepels kokosolie

$1/2$ theelepel vanille-extract

$1/2$ theelepel pompoentaartkruiden

1 eetlepel gegranuleerde erythritol

2 kopjes ongezoete kokosvlokken

$1/8$ theelepel zout

ROUTEBESCHRIJVING:

Verwarm de oven voor op 350 ° F.

Doe kokosolie in een middelgrote magnetronbestendige kom en magnetron tot het gesmolten is, ongeveer 20 seconden. Voeg vanille-extract, pompoentaartkruiden en gegranuleerde erythritol toe aan kokosolie en roer tot gecombineerd.

Plaats kokosvlokken in een middelgrote kom, giet het kokosoliemengsel erover en gooi om te coaten. Verspreid in een enkele laag op een bakplaat en bestrooi met zout.

Bak 5 minuten of tot de kokosnoot krokant is.

68. Kippenvelchips alfredo

INGREDIËNT

Vel van 3 grote kippendijen
2 eetlepels ricottakaas
2 eetlepels roomkaas
1 eetlepel geraspte Parmezaanse kaas
$1/4$ teentje knoflook, fijngehakt
$1/4$ theelepel gemalen witte peper

ROUTEBESCHRIJVING:

Verwarm de oven voor op 350 ° F. Leg de vellen zo plat mogelijk op een bakplaat bekleed met bakpapier.

Bak 12-15 minuten tot de velletjes lichtbruin en krokant worden en pas op dat u ze niet verbrandt.

Verwijder de velletjes van de bakplaat en leg ze op keukenpapier om af te koelen.

Voeg in een kleine kom kaas, knoflook en peper toe. Meng met een vork tot alles goed gemengd is.

Snijd elk krokant kippenvel in 2 stukken.

Schep op elke kipchips 1 eetlepel kaasmix en serveer direct.

GROENTEN

69. Zoete Aardappel Kokosmeel Pannenkoeken

Opbrengst: 6 middelgrote pannenkoeken

Bereidingstijd: 5 minuten

Bereidingstijd: 2 tot 4 minuten

INGREDIËNTEN

5 eieren

¼ kopje melk

½ theelepel vanille-extract

½ kopje ongezoete appelmoes

¼ kopje kokosmeel

¼ kopje zoete aardappelmeel

1 eetlepel kristalsuiker of honing

¼ theelepel bakpoeder

gemalen kaneel, naar smaak

¼ theelepel zout

ROUTEBESCHRIJVING

1. Verwarm een bakplaat of grote koekenpan voor op middelhoog vuur.

2. Klop in een grote kom eieren, melk, vanille en appelmoes tot een geheel.

3. Klop in een middelgrote kom kokosmeel, zoete aardappelmeel, suiker of honing, bakpoeder, kaneel en zout tot alles goed gemengd is.

4. Voeg droge ingrediënten toe aan natte ingrediënten. Roer met een vork tot de ingrediënten goed gemengd zijn en er geen klontjes meer zijn.

5. Laat het beslag met een pollepel, ongeveer $\frac{1}{4}$ kopje per keer, op de hete bakplaat vallen. Bak 2 tot 4 minuten per kant tot er zich kleine belletjes aan de bovenkant beginnen te vormen, draai ze dan om.

6. Serveer warm met je favoriete toppings voor pannenkoeken.

70. Slow Cooker Gevulde Koolrolletjes

Opbrengst: 8 tot 12 rollen

Bereidingstijd: 20 minuten

Bereidingstijd: 8 tot 10 uur

INGREDIËNTEN

8 tot 12 gedroogde koolbladeren

¼ kopje gedehydrateerde in blokjes gesneden ui

⅔ kopje tomatenpoeder

1 eetlepel bruine suiker (optioneel)

1 theelepel worcestershiresaus (optioneel)

1 kopje gekookte witte rijst

1 ei, losgeklopt

1 pond extra mager rundergehakt

1 theelepel zout, plus meer naar smaak

1 theelepel peper, plus meer naar smaak

ROUTEBESCHRIJVING

1. Breng een grote pan water aan de kook. Voeg gedehydrateerde koolbladeren toe en kook gedurende 2 tot 3 minuten, tot ze zacht zijn. Giet af en zet opzij.

2. Bedek de in blokjes gesneden ui in een kleine kom met heet water om te rehydrateren, ongeveer 15 minuten.

3. Om tomatensaus te maken, doe je het tomatenpoeder in een middelgrote kom. Giet langzaam 2 kopjes kokend water in en klop goed om brokjes te verminderen. Klop bruine suiker en Worcestershire-saus erdoor, indien gebruikt. Opzij zetten.

4. Combineer gekookte rijst, ei, rundergehakt, ui, 2 eetlepels tomatensaus, zout en peper in een grote kom. Roer met een lepel, of graaf in en brij met schone handen.

5. Doe ongeveer $\frac{1}{4}$ kopje van het mengsel in elk koolblad, rol op en stop de uiteinden erin. Leg de broodjes in de slowcooker.

6. Giet de resterende tomatensaus over de koolrolletjes. Dek af en kook op laag 8 tot 10 uur.

71. Gesauteerde winterpompoen met appels

Opbrengst: 2 kopjes

Bereidingstijd: 1 uur

Bereidingstijd: 10 minuten

INGREDIËNTEN

1 kopje gedehydrateerde winterpompoenblokjes

½ kopje gedehydrateerde ui

½ kopje gedehydrateerde appel

2 eetlepels boter

½ theelepel selderijzout

½ theelepel knoflookpoeder

½ theelepel tijm

zout, naar smaak

peper, naar smaak

ROUTEBESCHRIJVING

1. Doe gedroogde pompoenblokjes en ui in een grote kom en bedek met 2 kopjes warm water. 1 uur laten weken. Laat eventueel achtergebleven water weglopen.

2. Rehydrateer de appel door hem in een aparte kom te plaatsen en gedurende 1 uur af te dekken met koud water.

3. Smelt de boter in een grote pan op middelhoog vuur.

4. Voeg de pompoen, ui en selderijzout toe aan de pan, af en toe roerend tot de pompoen bruin begint te worden, ongeveer 5 minuten.

5. Voeg het knoflookpoeder en de appel toe en kook tot de appels zacht zijn, ongeveer 2 minuten.

6. Voeg tijm, zout en peper naar smaak toe.

72. Gedehydrateerde winterpompoennesten

Opbrengst: 10 tot 15 pompoennesten

Bereidingstijd: 30 minuten

Bereidingstijd: 4 tot 6 uur

INGREDIËNTEN

1 grote winterpompoen, geschild en ontpit

ROUTEBESCHRIJVING

1. Als u een spiraalsnijder gebruikt, snijdt u de pompoen in hanteerbare stukken en scheurt u de pompoen in lange slierten. Als je geen spiraalsnijder hebt, trek dan een dunschiller over de pompoen en maak dunne, brede, noedelachtige plakjes, of gebruik een julienneschiller om spaghetti-achtige strengen te krijgen.

2. Niet alle stukken zullen in één lange sectie draaien, dus scheid de delen die dat wel doen door ze van de stapel te verwijderen.

3. Voeg de lange strengen toe aan dehydratorbakken en rangschik ze in een nest door elk stuk op zichzelf te stapelen. Voeg de kleinere stukken toe aan dehydratorbakken in kleine handenvol om nesten te vormen, 5 of 6 stapels op een bak.

4. Droog 2 uur op 140°F, draai het vuur terug naar 130°F en droog nog eens 2 tot 4 uur totdat de stukken bros zijn.

73. Knoflook Creoolse Gekruide Squash Nesten

Opbrengst: 10 nesten

Bereidingstijd: 35 minuten

Bereidingstijd: 5 minuten

INGREDIËNTEN

10 gedehydrateerde winterpompoennesten (pagina 117), of 2 kopjes gedroogde pompoensnippers

⅓ kopje bloem voor alle doeleinden

2 teentjes knoflook, fijngehakt

2 grote eieren, losgeklopt

1 eetlepel Creoolse Kruidenmix

2 eetlepels olijfolie

10 theelepels cheddarkaas

ROUTEBESCHRIJVING

1. Hydrateer de pompoennestjes gedeeltelijk door ze 30 minuten in heet water te laten weken. Giet het weekvocht af en gooi het weg.

2. Meng bloem, knoflook, eieren en Creoolse kruiden in een grote kom. Dompel de pompoennesten in het eimengsel en zorg ervoor dat de nesten niet uit elkaar vallen.

3. Verhit olijfolie in een grote koekenpan op middelhoog vuur.

4. Schep 1 nest uit voor elke portie. Leg ze in de koekenpan en maak de pompoen plat met een spatel, en kook tot de onderkant goudbruin is, ongeveer 2 minuten.

5. Draai en bak aan de andere kant, ongeveer 2 minuten langer.

6. Bedek elk nest met 1 theelepel cheddarkaas en serveer onmiddellijk.

74. Fajita Bonen En Rijst

Opbrengst: 1 liter pot droog; 6 kopjes gekookt

Bereidingstijd: 35 minuten

Kooktijd: 20 tot 25 minuten

INGREDIËNTEN

1 kopje snelle bruine rijst

2 kopjes snelkookbonen

¼ kopje gedehydrateerde zoete paprika

¼ kopje gedehydrateerde ui

¼ kopje gedehydrateerde wortel

¼ kopje tomatenpoeder

¼ theelepel gedroogde knoflook

1 theelepel chilipoeder

½ theelepel zout

½ theelepel paprikapoeder

½ theelepel bruine suiker

¼ theelepel zwarte peper

¼ theelepel oregano

¼ theelepel komijn

⅛ theelepel cayennepeper

ROUTEBESCHRIJVING

1. Doe alle ingrediënten in een pot van 1 pint met wijde opening of Mylar-zak. Voeg een zuurstofabsorbeerder van 100 cc toe en sluit goed af. Maximaal 5 jaar houdbaar.

2. Om te serveren, verwijdert u het zuurstofpakket en leegt u de inhoud van de pot in een grote koekenpan. Bedek met 6 kopjes water en breng aan de kook op hoog vuur. Zet het vuur laag tot medium, dek af en laat 15 tot 20 minuten sudderen, af en toe roerend tot de bonen gaar zijn.

3. Garneer met geraspte kaas, naar smaak.

75. Rijst Bloemkool Pizza Korst

Opbrengst: 2 (8-inch) korsten

Bereidingstijd: 40 minuten

Bereidingstijd: 15 tot 20 minuten

INGREDIËNTEN

1 kopje gedehydrateerde bloemkool

4 kopjes water

2 eieren

2 kopjes geraspte Parmezaanse kaas

ROUTEBESCHRIJVING:

1. Verwarm de oven voor op 400°F.

2. Doe de bloemkool in een grote kom, dek af met 4 kopjes heet water en laat 20 minuten weken. Giet het weekvocht af en gooi het weg.

3. Hak de gerehydrateerde bloemkool met de hand of met een keukenmachine tot de stukjes klein en uniform van formaat zijn.

4. Kook de bloemkoolrijst in een koekenpan op middelhoog vuur. Roer tot de bloemkool droog is en het vocht is verwijderd.

5. Zet de bloemkool opzij en laat afkoelen. Het kan sneller afkoelen als het uit de pan wordt gehaald.

6. Klop de eieren los in een aparte kom. Meng de Parmezaanse kaas erdoor.

7. Voeg afgekoelde bloemkool toe aan de kom en roer tot het volledig gemengd is.

8. Werk op bakpapier en verdeel het mengsel in 2 gelijke porties. Werk elk stuk in een cirkel van 8 inch, ongeveer $\frac{1}{4}$ inch dik. Houd meer van het mengsel aan de randen zodat de rondjes gelijkmatig gaar worden en de randen niet verbranden.

9. Schuif het bakpapier op een bakplaat en kook op 400 °F tot de rondjes bruin en stevig zijn, ongeveer 15 tot 20 minuten.

76. Hash Brown-mix in een pot

Droog de ingrediënten apart en combineer. Dit recept maakt 1 pot, met 2 maaltijden.

Opbrengst: 1 liter pot droog; 2 kopjes gekookt

Bereidingstijd: 10 tot 15 minuten

Bereidingstijd: 10 tot 15 minuten

INGREDIËNTEN

2 kopjes gedehydrateerde aardappelsnippers

½ kopje gedroogde ui

½ kopje gedroogde paprika

¼ kopje gedroogde gehakte knoflook

1 theelepel plantaardige olie

ROUTEBESCHRIJVING:

1. Meng de aardappelsnippers, gedroogde ui, gedroogde paprika en gedroogde knoflook in een grote kom. Plaats in een inmaakpot of Mylar-zak. Voeg een zuurstofabsorbeerder van 100 cc toe en sluit goed af. Maximaal 5 jaar houdbaar.

2. Om te bereiden, giet je 1 kopje van de inhoud van de pot in een kom en bedek je het met kokend water gedurende 10 tot 15 minuten tot het dik is. Zeef en pers om overtollig water te verwijderen.

3. Verhit olie in een koekenpan op middelhoog vuur.

4. Voeg het aardappelmengsel toe aan de koekenpan en druk zachtjes in een dunne, gelijkmatige laag terwijl het kookt.

5. Bak tot zeer krokant en bruin aan elke kant gedurende ongeveer 3 minuten.

77. Snelle bruine rijst

Opbrengst: 2 kopjes gedehydrateerde rijst;

INGREDIËNTEN

3½ kopjes gekookte rijst

Bereidingstijd: 5 tot 7 uur

Bereidingstijd: 17 minuten

ROUTEBESCHRIJVING:

1. Kook 2 kopjes gewone bruine rijst volgens de aanwijzingen op de verpakking; zorg ervoor dat alle vloeistof is opgenomen.

2. Bedek de bakjes van je dehydrator met perkamentpapier of Paraflexx-voeringen en verdeel de gekookte rijst in een enkele laag. Uitdrogen bij 125°F gedurende 5 tot 7 uur. Halverwege het droogproces, breek de aan elkaar geplakte rijst los en draai de bakjes om. Als de rijst helemaal droog is, moet hij klikken als hij op een tafel valt.

3. Om te rehydrateren, meet u 1 kopje gedroogde rijst af, doet u het in een pan en bedek het met ¾ kopje water. Laat 5 minuten weken om rehydratatie te beginnen, breng dan aan de kook en kook gedurende 2 minuten. Haal van het vuur, dek af en laat 10 minuten staan. Fluff met een vork.

78. Bonen Snelkoken

Opbrengst: 3 kopjes

Bereidingstijd: 10 minuten plus 8 uur

Bereidingstijd: 8 tot 10 uur

INGREDIËNTEN

4 kopjes droge bonen

ROUTEBESCHRIJVING:

1. Week gedroogde bonen een nacht. Gooi water weg.

2. Voeg na minimaal 8 uur weken de bonen toe aan een grote pan, bedek ze met water en breng aan de kook. Zet het vuur lager en laat 10 minuten sudderen. Droogleggen.

3. Spreid de gedeeltelijk gekookte bonen in een enkele laag uit op dehydratorbakken en verwerk ze gedurende 8 tot 10 uur tussen 95°F en 100°F. Ze zullen hard zijn als ze droog zijn.

4. Bewaar in inmaakpotten met 100cc zuurstofabsorbers of verwijder zuurstof met een FoodSaver-hulpstuk. De houdbaarheid is 5 jaar.

Om te rehydrateren: Week 1 kopje gedehydrateerde bonen en 2 kopjes water in een pan gedurende 5 minuten. Breng gedurende 10 minuten aan de kook. Niet bedekken.

79. Mevr. B's Stovetop Gebakken Bonen

Opbrengst: 3 kopjes

Bereidingstijd: 15 minuten

Bereidingstijd: 10 minuten

INGREDIËNTEN

1 kopje snelkookbonen (pagina 123)

2 kopjes water

$\frac{1}{4}$ kopje gedroogde gesnipperde ui

2 theelepels mosterd

$\frac{1}{8}$ kopje verpakte bruine suiker, of naar smaak

1 theelepel Worcestershire-saus

ROUTEBESCHRIJVING:

1. Rehydrateer de snelkookbonen door de bonen met 2 kopjes water in een pan gedurende 5 minuten te weken. Breng gedurende 10 minuten aan de kook. Niet bedekken.

2. Voeg de resterende ingrediënten toe. Roer tot de bruine suiker is opgelost.

3. Zet het vuur laag en laat nog 5 minuten sudderen tot de bonen zacht zijn en er saus ontstaat. Voeg indien nodig extra water toe in stappen van 1 theelepel.

80. Mexicaans fiesta bakken

Opbrengst: 1 (2½-kwart) ovenschaal

Bereidingstijd: 45 minuten

Bereidingstijd: 15 minuten

INGREDIËNTEN

1 kopje gedehydrateerde tomaten

1 kopje verse of gedehydrateerde korianderblaadjes

½ kopje gedehydrateerde, in blokjes gesneden groene paprika

½ kopje gedehydrateerde maïskorrels

¼ kopje tomatenpoeder

2 verse jalapeñopepers

2 kopjes rundergehakt

1 theelepel knoflook

1 limoen, geperst

6 maïstortilla's, in vierkanten van 1 inch gesneden

1 kop cheddarkaas

ROUTEBESCHRIJVING

1. Verwarm de oven voor op 350°F.

2. Doe de gedroogde tomaten in een kleine kom en bedek ze met 2 kopjes koud water gedurende 30 minuten, of tot ze mollig en zacht zijn. Giet af en snij in hapklare stukjes.

3. Doe de korianderblaadjes, in blokjes gesneden groene paprika en maïs in een kleine kom en voeg voldoende koud water toe om onder te staan. Laat 10 tot 15 minuten weken of tot de paprika's mollig zijn. Droogleggen.

4. Om tomatensaus te maken, voegt u langzaam 12 ons heet water toe aan $\frac{1}{4}$ kopje tomatenpoeder. Meng tot een gladde massa. Opzij zetten.

5. Maak 2 verse jalapeñopepers schoon, ontpit en snijd ze in blokjes.

6. Bak het rundergehakt in een grote koekenpan tot het volledig bruin is.

7. Voeg de tomatensaus, knoflook, limoensap, tomaat, koriander, groene paprika, maïs, tortilla's en jalapeño toe aan het gehakt. Roer en verwarm het geheel.

8. Doe over in een ovenschaal van $2\frac{1}{2}$ liter en bedek met kaas.

9. Bak 15 minuten tot de kaas bubbelt.

DRANK

81. Rozenbottel Muntthee

Opbrengst: 1 kop

Bereidingstijd: 0 minuten

Steile tijd: 10 tot 15 minuten

INGREDIËNTEN

1 theelepel gedroogde rozenbottels

1 theelepel gedroogde groene munt of pepermunt

1 kopje water

ROUTEBESCHRIJVING:

1. Voeg de munt en rozenbottels toe aan een Franse pers of theepot en giet er 1 kop heet water bij. Sommige theemakers malen hun rozenbottels voordat ze ze gebruiken, maar dat is echt niet nodig.

2. Dek af en laat 10 tot 15 minuten trekken. Hoe langer je trekt, hoe dieper de smaak en kleur zullen zijn.

82. Sinaasappel Munt Thee Blend

Opbrengst: 1 kop

Voorbereidingstijd: 5 minuten, plus rusttijd

Steile tijd: 10 minuten

INGREDIËNTEN

2 eetlepels gedroogde, gehakte munt

2 eetlepels gedroogde sinaasappel

3 of 4 hele kruidnagels (optioneel)

ROUTEBESCHRIJVING:

1. Doe de droge ingrediënten in een koffiemolen of vijzel en stamper en verwerk ze totdat ze tot uniforme stukjes zijn gemengd. Doe in een pot met een goed sluitend deksel en laat de smaak een paar dagen intrekken.

2. Voeg 1 theelepel Orange Mint Tea Blend toe aan een thee-ei, theepot of Franse pers. Dek af en laat 10 minuten trekken. Dit maakt ook een verfrissende ijsthee.

83. Citroenverbena Zonnethee

Opbrengst: 1 kwart

Bereidingstijd: 0 minuten

Steile tijd: enkele uren

INGREDIËNTEN

1 handvol gedroogde citroenverbenablaadjes

1 liter water

ROUTEBESCHRIJVING:

1. Plet een handvol gedroogde bladeren en doe ze in een grote glazen pot.

2. Bedek de bladeren met 1 liter water en laat de pot enkele uren in de zon staan.

3. Zeef de bladeren en voeg ijs toe om te genieten van een verfrissend drankje.

84. Limonade Met Gedehydrateerde Citrus

Opbrengst: 5 liter

Bereidingstijd: 0 minuten

Bereidingstijd: 3 uur rusttijd

INGREDIËNTEN

1 kopje suiker

5 liter water

15 stuks gedehydrateerde citrusrondjes

ROUTEBESCHRIJVING:

1. Voeg de suiker toe aan 5 liter water en roer tot het is opgelost.

2. Voeg stukjes citrus toe en roer.

3. Voeg ijs toe om de korst onder water te houden. Laat het minimaal 3 uur staan.

4. Roer en giet in glazen met wat van de gerehydrateerde citrusschijfjes als garnering.

NAGERECHT

85. Appelchips Met Haver Topping

Opbrengst: 1 (8 × 8-inch) glazen pan

Bereidingstijd: 35 minuten

Bereidingstijd: 30 minuten

INGREDIËNTEN

3 kopjes gedehydrateerde appelschijfjes

¾ kopje suiker, verdeeld

2 eetlepels maizena

½ kopje bloem

½ kopje haver

snufje zout

⅛ theelepel gemalen kaneel, plus meer, naar smaak

½ stok koude boter

ROUTEBESCHRIJVING

1. Verwarm de oven voor op 375°F. Bereid een 8 × 8-inch glazen pan voor met kookspray.

2. Doe de appelschijfjes in een kom en voeg net genoeg heet water toe om onder te staan. Laat het 30 minuten zitten. Giet af en bewaar de vloeistof.

3. Meng de gerehydrateerde appels met ½ kopje suiker en kaneel naar smaak.

4. Meng maizena en 2 eetlepels koud water in een maatbeker tot het volledig is opgenomen en er geen klontjes meer zijn.

5. Doe de appels en het bewaarde vocht in een middelgrote pan en laat 5 minuten sudderen. Voeg de maïzenaplurry toe en verwarm tot het mengsel dikker wordt. Als de appels er te droog uitzien, voeg dan meer vloeistof toe, 1 eetlepel per keer, totdat je de gewenste consistentie hebt bereikt.

6. Schep de appels in de voorbereide pan en druk naar beneden, zodat de appels bedekt zijn met de saus.

7. Om de topping te maken, voeg je de bloem, haver, resterende suiker, zout en ⅛ theelepel kaneel toe aan een kleine kom. Snijd met een deegblender of keukenmachine de koude boter door de droge ingrediënten tot het mengsel op grove kruimels lijkt.

8. Giet de topping over de appelvulling en verdeel gelijkmatig tot alle hoeken bereikt zijn. Bak 30 minuten tot de topping goudbruin is en de vulling bubbelt.

86. Magere Ananascake

Opbrengst: 1 (8 × 8-inch) cake

Bereidingstijd: 25 minuten

Kooktijd: 25 tot 30 minuten

INGREDIËNTEN

4 kopjes gedehydrateerde ananas

2 kopjes water

2¼ kopjes bloem voor alle doeleinden

1 kopje kristalsuiker

2 theelepels zuiveringszout

snufje zout

2 theelepels vanille-extract

2 eieren

1 (3,5-ounce) pakket suikervrije vanille instantpudding

1½ kopje vetvrije slagroom

ROUTEBESCHRIJVING

1. Verwarm de oven voor op 350°F. Vet en bloem een 8 × 8-inch ovenschaal in.

2. Plet de gedehydrateerde ananas in een plastic zak met ritssluiting met een deegroller, of pulseer in een

keukenmachine. Ananas moet in stukjes zijn, niet in poedervorm. Reserveer 2 kopjes.

3. Doe de rest van de geplette ananas in een kleine kom en bedek het volledig met 2 kopjes koud kraanwater gedurende 15 tot 20 minuten. Voeg indien nodig meer water toe. Giet het ananasvocht af en bewaar het.

4. Klop in een middelgrote kom de bloem, suiker, bakpoeder en zout door elkaar.

5. Voeg het vanille-extract en de eieren toe aan de kleine kom met gerehydrateerde ananas en meng.

6. Voeg de natte ingrediënten toe aan de droge en roer tot er beslag ontstaat.

7. Giet het beslag in de voorbereide ovenschaal.

8. Bak 25 tot 30 minuten tot de cake goudbruin is en een tandenstoker er schoon uitkomt. Laat afkoelen voordat je topping toevoegt.

9. Klop de 2 kopjes geplette ananas, ananasvloeistof en suikervrije puddingmix tot een geheel. Voeg indien nodig extra water toe in stappen van 1 theelepel. Spatel voorzichtig de slagroom erdoor tot deze is opgenomen.

10. Verdeel de topping over de cake. Koel tot klaar om te serveren.

87. Gekonfijte Gember

Opbrengst: 8 ons gekonfijte gember

Voorbereidingstijd: 40 minuten, plus 1 uur conditioneertijd

Bereidingstijd: 4 tot 6 uur

INGREDIËNTEN

1 grote (8-ounce) gemberwortel

4 kopjes water

2¼ kopjes suiker, verdeeld

ROUTEBESCHRIJVING

1. Was en schil de gemberwortel. Snijd de wortel met een mandoline in plakjes van ⅛-inch.

2. Voeg 4 kopjes water en 2 kopjes suiker toe aan de pan en roer tot de suiker is opgelost.

3. Voeg de stukjes gember toe aan de pan en breng aan de kook.

4. Zet het vuur laag en laat 30 minuten koken, waarbij u de pan gedeeltelijk onafgedekt houdt zodat stoom kan ontsnappen.

5. Zeef het gembermengsel en bewaar de siroop in een weckpot.

6. Leg de stukjes gember een uur op een rooster of dehydrateerblad om te conditioneren, totdat ze kleverig maar niet nat zijn.

7. Gooi de stukjes in de resterende ¼ kopje suiker totdat ze licht bedekt zijn. U kunt dit deel overslaan en het suikergehalte verminderen; ze zullen nog steeds zoet smaken van de eenvoudige siroop.

8. Leg de plakjes gember op de dehydratorlade en droog ze 4 tot 6 uur op 135°F of totdat de stukjes buigzaam maar niet plakkerig van binnen zijn.

88. Havermout Vijgen Koekjes

Opbrengst: 2 dozijn koekjes

Bereidingstijd: 10 minuten, plus 1 uur koeltijd

Kooktijd: 12 tot 14 minuten

INGREDIËNTEN

1½ kopje bloem voor alle doeleinden

1 theelepel bakpoeder

½ theelepel zout

3 kopjes ouderwetse gerolde haver (voor een zachter koekje, verwerk de helft van de haver in een blender tot het fijngemalen is)

1 kopje boter, verzacht tot kamertemperatuur

1 kop verpakte bruine suiker

½ kopje kristalsuiker

2 eieren

1 theelepel vanille-extract

1 kopje gerehydrateerde vijgen, in stukjes gesneden

ROUTEBESCHRIJVING

1. Verwarm de oven voor op 350°F. Bekleed bakplaten met bakpapier.

2. Klop de bloem, het bakpoeder en het zout in een grote kom. Roer de haver erdoor.

3. Klop in een andere grote kom de boter en suikers romig met een handmixer. Voeg de eieren en vanille toe en room opnieuw.

4. Voeg het bloemmengsel toe aan de vloeistof en roer tot gecombineerd. Roer de gerehydrateerde vijgenstukjes erdoor.

5. Laat het deeg 1 uur of een nacht afkoelen.

6. Plaats schepjes ter grootte van een eetlepel op de bakplaten, met een tussenruimte van 5 cm tussen de koekjes. Bak gedurende 12 tot 14 minuten, tot de koekjes lichtbruin zijn.

MARINADES

89. Knoflook ranchdressing

INGREDIËNTEN:

1 theelepel knoflookpoeder

2 eetlepels mayonaise

2 theelepels Dijon-mosterd

2 eetlepels vers citroensap

Zout en versgemalen zwarte peper naar smaak

ROUTEBESCHRIJVING

Meng alle ingrediënten in een slakom.

Meng met een salade en serveer.

90. Dressing van rode ui en koriander

INGREDIËNTEN:

1 theelepel fijngehakte rode ui

½ theelepel fijngehakte gekristalliseerde gember

1 eetlepel geblancheerde en geschaafde amandelen

2 theelepels sesamzaadjes

¼ theelepel anijszaad

1 theelepel gehakte verse koriander

⅛ theelepel cayennepeper

1 eetlepel witte wijnazijn

1 eetlepel extra vierge olijfolie

ROUTEBESCHRIJVING

Meng in een kleine kom de ui, gember, amandelen, sesamzaadjes, anijszaad, koriander, cayennepeper en azijn.

Roer de olijfolie erdoor tot alles goed gemengd is.

91. Dilly ranch roomdressing

INGREDIËNTEN:

2 eetlepels mayonaise

1 eetlepel fijngehakte verse dille

1 eetlepel witte wijnazijn

1 theelepel Dijon-mosterd

ROUTEBESCHRIJVING

Roer alle ingrediënten door elkaar in een slakom.

Meng met salade en serveer.

92. Hete cha cha-dressing

INGREDIËNTEN:

1 eetlepel extra vierge olijfolie

1 eetlepel mayonaise

2 eetlepels milde of hete salsa

$\frac{1}{4}$ theelepel versgemalen zwarte peper

$\frac{1}{8}$ theelepel gemalen komijn

1 theelepel knoflookpoeder

$\frac{1}{4}$ theelepel oregano

Cayennepeper naar smaak (optioneel)

Zout en versgemalen zwarte peper naar smaak

ROUTEBESCHRIJVING

Meng alle ingrediënten grondig in een kleine kom.

Proef en pas smaakmakers aan.

93. Vinaigrette in Cajun-stijl

INGREDIËNTEN:

2 eetlepels rode wijnazijn

½ theelepel zoete paprika

½ theelepel korrelige Dijon-mosterd

⅛ theelepel cayennepeper of naar smaak

⅛ theelepel (of minder) suikervervanger, optioneel of naar smaak

2 eetlepels extra vierge olijfolie

zout en versgemalen zwarte peper naar smaak

ROUTEBESCHRIJVING

Roer alle ingrediënten door elkaar in een slakom. Proef en pas smaakmakers aan.

Leg groene salades erop, gooi en serveer.

94. Mosterdvinaigrette

INGREDIËNTEN:

2 eetlepels extra vierge olijfolie

2 theelepels korrelige mosterd

1 eetlepel knoflookpoeder

½ theelepel bereide mierikswortel

2 eetlepels rode wijnazijn

¼ theelepel suiker

Zout en versgemalen zwarte peper naar smaak

ROUTEBESCHRIJVING

Meng alle ingrediënten in een slakom. Proef en pas smaakmakers aan.

Laag met de groene salade en gooi vlak voor het opdienen.

95. Vinaigrette van gember en peper

INGREDIËNTEN:

1 eetlepel rijstwijnazijn

¼ theelepel suiker

1 teentje knoflook, fijngehakt

½ theelepel fijngehakte verse gember

¼ theelepel gemalen gedroogde hete chilipepers

¼ theelepel droge mosterd

¼ theelepel sesamolie

2 eetlepels plantaardige olie

ROUTEBESCHRIJVING

Meng alle ingrediënten in een slakom. Proef en pas smaakmakers aan.

Laag met groene salades en gooi vlak voor het opdienen.

96. Citrusvinaigrette

INGREDIËNTEN:

1 eetlepel vers citroensap

1 eetlepel vers limoensap

1 eetlepel vers sinaasappelsap

1 theelepel rijstwijnazijn

3 eetlepels extra vierge olijfolie

½ theelepel suiker

Zout en versgemalen zwarte peper naar smaak

ROUTEBESCHRIJVING

Meng alle ingrediënten in een grote slakom. Leg slablaadjes op de dressing.

Schep vlak voor het opdienen om.

97. Witte peper en kruidnagel wrijven

INGREDIËNTEN:

¼ kopje witte peperkorrels

1 eetlepel gemalen piment

1 eetlepel gemalen kaneel

1 eetlepel gemalen bonenkruid

2 eetlepels hele kruidnagel

2 eetlepels gemalen nootmuskaat

2 eetlepels paprikapoeder

2 eetlepels gedroogde tijm

ROUTEBESCHRIJVING

Combineer alle ingrediënten in een blender of keukenmachine.

Bewaar in een pot met een goed sluitend deksel.

98. Chili droge rub

INGREDIËNTEN:

3 eetlepels knoflookpoeder

3 eetlepels paprikapoeder

1 eetlepel chilipoeder

2 theelepels zout

1 theelepel versgemalen zwarte peper, of naar smaak

$\frac{1}{4}$ theelepel cayennepeper

ROUTEBESCHRIJVING

Maal het kruidenmengsel fijn in een keukenmachine of blender, of gebruik een vijzel en stamper.

Bewaar in een pot met een goed sluitend deksel.

99. Bourbon-kruidenmix

INGREDIËNTEN:

2 eetlepels paprikapoeder

1 eetlepel cayennepeper

1 eetlepel droge mosterd

2 theelepels zout

2 theelepels versgemalen zwarte peper

2 theelepels knoflookpoeder

2 theelepels gemalen salie

1 theelepel witte peper

1 theelepel uienpoeder

1 theelepel gemalen komijn

1 theelepel gedroogde tijm

1 theelepel gedroogde oregano

ROUTEBESCHRIJVING

Meng alle ingrediënten in een kleine kom.

Bewaar in een pot met een goed sluitend deksel.

100. Gemakkelijke kruidenazijn

Opbrengst: 1 portie

INGREDIËNT

4 takjes verse rozemarijn

ROUTEBESCHRIJVING:

Om kruidenazijn te maken, doe je afgespoelde en gedroogde kruiden en eventuele specerijen in een gesteriliseerde wijnfles van 750 ml en voeg je ongeveer 3 kopjes azijn toe, tot op $\frac{1}{4}$ inch van de bovenkant. Stop met een nieuwe kurk en zet 2 tot 3 weken opzij om te trekken. De azijn is minimaal 1 jaar houdbaar.

Gebruik met rode wijnazijn: 4 takjes verse krulpeterselie, 2 eetlepels zwarte peperkorrels

CONCLUSIE

We hebben waarschijnlijk de backpackersgemeenschap te danken voor de moderne heropleving van gedehydrateerd voedsel. Hun vraag naar eenvoudige, lichtgewicht en voedzame maaltijden heeft geleid tot een behoefte aan voorverpakt fruit, groenten, bijgerechten en volledige maaltijden, samen met een hernieuwde interesse in droogmachines en andere manieren om voedsel te drogen. Deze nieuwe kant-en-klaarmaaltijden zijn te vinden in elke kruideniers- en outdoorwinkel en staan bekend om hun gemakkelijke bereiding en snelle kooktijd. De smaak is zo verbeterd dat je het als een prima diner zou beschouwen. Moderne preppers hebben deze uitdaging een stap verder gebracht door te leren hoe ze een jaar lang voedsel kunnen produceren, opslaan en roteren in hun eigen voorbereide voorraadkast.

Deze gids leert je de basisprincipes van het uitdrogen van fruit, groenten en eiwitten; geeft gedetailleerde informatie over het drogen van 50 soorten groenten en fruit; en deelt enkele beproefde en door het hele gezin geliefde recepten voor dagelijks gebruik. Alles wat je nodig hebt om te leren je eigen gezonde, houdbare voorraadkast te bevoorraden, is inbegrepen.

www.ingramcontent.com/pod-product-compliance
Lightning Source LLC
Chambersburg PA
CBHW070656120526
44590CB00013BA/984